# 心一堂術數古籍珍本叢刊

書名：秘鈔本鐵板神數（三才八卦本）（三）
系列：心一堂術數古籍珍本叢刊　星命類　神數系列　第三輯　297
作者：舊題【宋】邵雍
主編、責任編輯：陳劍聰
心一堂術數古籍珍本叢刊編校小組：陳劍聰　素聞　鄒偉才　虛白盧主　丁鑫華

出版：心一堂有限公司
通訊地址：香港九龍旺角彌敦道六一〇號荷李活商業中心十八樓〇五一〇六室
深港讀者服務中心・中國深圳市羅湖區立新路六號羅湖商業大廈負一層〇〇八室
電話號碼：(852)9027-7110
網址：publish.sunyata.cc
電郵：sunyatabook@gmail.com
網店：http://book.sunyata.cc
淘寶店地址：https://sunyata.taobao.com
微店地址：https://weidian.com/s/1212826297
臉書：https://www.facebook.com/sunyatabook
讀者論壇：http://bbs.sunyata.cc/

版次：二零二一年五月初版
平裝：四冊不分售

定價：港幣　八百八十元正
　　　新台幣　三仟八百八十元正

國際書號：ISBN 978-988-8583-87-4



香港發行：香港聯合書刊物流有限公司
地址：香港新界荃灣德士古道二二〇一二四八號荃灣工業中心十六樓
電話號碼：(852)2150-2100
傳真號碼：(852)2407-3062
電郵：info@suplogistics.com.hk
網址：http://www.suplogistics.com.hk

台灣發行：秀威資訊科技股份有限公司
地址：台灣台北市內湖區瑞光路七十六巷六十五號一樓
電話號碼：+886-2-2796-3638
傳真號碼：+886-2-2796-1377
網絡書店：www.bodbooks.com.tw
台灣秀威書店讀者服務中心：
地址：台灣台北市中山區松江路二〇九號一樓
電話號碼：+886-2-2518-0207
傳真號碼：+886-2-2518-0778
網絡書店：http://www.govbooks.com.tw

中國大陸發行　零售：深圳心一堂文化傳播有限公司
深圳地址：深圳市羅湖區立新路六號羅湖商業大廈負一層〇〇八室
電話號碼：(86)0755-82224934

心一堂微店二維碼

心一堂淘寶店二維碼

# 艮數

五千零

| | | | |
|---|---|---|---|
| 一 | | 父母仝乙未 | 前定 |
| 二 | 午卯三 | 到此数已極 | 窝君来請陽間客 |
| 三 | | 父属龍母属虎 | 数定先天 |
| 四 | 五十辛九 | 水中胤現 | 錢財耗散 |
| 五 | | | |
| 六 | 十九廿九 | 园林雨後天 | 蒼茑[illegible] |
| 七 | 十五口 | 水中明月 | 上下儘[illegible] |
| 八 | | 長子属虎 | 註定 |
| 九 | 六十八七 | 大旱草焦 | 勃然雨[illegible] |

千

一　甲午之年　名當高

二　卅九年　無思無慮度流年　運湊

三

四　四十八以　晚来風持　不用推移

五　二十九年　紅灯引路　晴裡添明

六　父命已巳生　前定

七

八　玉人有刑　再結癸酉生

九　廿八以　緑水陰濃　堪消暑热

二十

一 二 三 四 五 六 七 八 九

六十四三 時序更迭 景物會當全盛

卅四十九 周道委遲 進可安居

十廿九 花李及時新 風光淡蕩春

卅八乂 柳絮漫空 上下樓台三月雪

十又日 妻風和睦 物饒依河

父命爲水 合數

三十

| | | | |
|---|---|---|---|
| 一 | 廿〤〥 | 飞雲掩日 | 無慶覔 |
| 二 | | 夫命庚辰生 | 前定 |
| 三 | の十〤〥 | 碧天万里静無雲 | 月轉 |
| の | | 黄金增十倍 | 早暮要 |
| 五 | | 當有二母之祢 | 數定 |
| 六 | | 命歸泉 | 不必查 |
| 七 | 廿卅九 | 小人結党有陰謀 | 破耗相尋可用憂 |
| 八 | 五十〤〥 | 錦堂花盛 | 日色晴明 |
| 九 | 十の三 | 日出扶桑脫遁形 | 行人放胆可無驚 |

罕

一　二　三　の　五　〆　七　八　九

五子屬牛　前定

卅〆丹　名利兩得　東風消息

夫大三年　前定

卅の三　其年合有災　雖是莫傷也破財

妻命庚申生　合數

父母全乙巳　註定

山外有青山　向利偏

卆の三　到此數難留　夢魂西

廿八乂　月明如畫　无限妻

## 五十

| | | | |
|---|---|---|---|
| 一 | 卅〤〇 | 路欲窮时曲转通 | 無人之處 |
| 二 | | 大子居兎 | 合数 |
| 三 | 卅九四十 | 闲前盤结有蹤處 | 整頓囊裝 |
| 四 | 卅八〤 | 天意有安排 | 圖謀事事諧 |
| 五 | | 父居猪 | 母居龍 |
| 六 | 四十四三 | 新筍無端 | 破我蒼苔新綠 |
| 七 | 四十二 | 東風為解凍 | 天意漸調和 |
| 八 | | 大命丁巳生 | 合数 |
| 九 | 四〤〇 | 諸事駁雜 | 無意防失 |

六十

一二三四五六七八九

六千四三

牡丹開得錦粧成　冨貴繁華日逐新

父屬牛　母屬龍

五千六二

欲到江干理釣絲　臨流三嘆費躊躇

一名二姓　東宗自能相認

母命辛未生　數中早定

九千四三

進退無定　幸而不幸

玉人有刑　再娶辛亥

七千

一 二 三 四 五 六 七 八 九

早千八乂 大數已將終 暮门鴉噪

七千八乂 人事該當秋後 光景已非

卅ミ 逕濡春雨露 蘭玉倍精

卅ス口 名當得子

卅卅九 月過西墻光又出 窗前花影正徘徊

卅ス口 春光已度柳條青 萬里江山氣象新

八十

| 一 | 二 | 三 | の | 五 | 六 | 七 | 八 | 九 |
|---|---|---|---|---|---|---|---|---|
| 卅乂口 | の千八乂 | ロ千千九 | | 卅の千九 | | | | 十乂五 |
| 宿酒初醒 | 五鬼現形 | 敎逢絕處 | | 皮在石邊須有破 | 夫大四年 | | 管絃聲裏樂春風 | 韶華正在陽春日 |
| 神思清爽 | 空有憂中之耗 | 由來事裏總成空 | | 交關切莫相爭推 | 前定 | | 事事歡娛 | 人物光華 |

九十

一 二 三 四 五 六 七 八 九

孚のミ 欲前却後正眼难 风雨迷离

父属猪 母属蛇

孚ハ七 鵝鶖並啼三兩声 吉內藏凶

已往蹉跎 將來順利

の千三 喪服相干 流年之咎

卅のミ 清晓云迷疑雨來 霎时云散日光明

の孚のミ

廿乂母 一望長虹一日空 流年突晦定相攻

夫命丙辰生 註定

一百零

一　の千の三
巨舟重載苦艱難
只待江心潮水來

二
良人有刑
再嫁戊寅生

三　の千ス口
掙過崎嶇路
江村三月天

の
壺瓶盤重不堪當
是個春風窈窕娘

五　の千八七
咀味橄欖
沒有清香

六

七　廿二
白占田園雪色寒
泪痕洒胸膛

八　廿八七
鳳鳥來儀
瑞叶貞祥

九

二百一十

| | | | |
|---|---|---|---|
| 一 | | 妻命巳未生 | 數定 |
| 二 | 五十八四 | 無禍亦無灾 | 安居福自吉 |
| 三 | 十の三 | 荒蕪草色 | 一陽初動 月子十日 |
| の | 卅二 | 门庭無日不從容 | 花鳥禽魚曲檻風 |
| 五 | 廿の三 | 幸机会之相逢 | 可以猛图進取 |
| 六 | | | |
| 七 | 卅九四十 | 妄慮直狗去釣魚 | 廢时失事悔之遲 |
| 八 | | 父為蛇 | 母為馬 |
| 九 | 廿八又 | 瞻前顧後 | 静过無咎 |

# 一百二十

一 廿〤〤 突悔既消除 哭然駟馬車
分得宮花第一枝 長安道上馬声嘶
二 父命壬申生 數定
三 卅〢 光明氣象 不比旧時
四
五 杂〨 大限阻閡津 江山寂寂少人行
六
七 廿〤〤 伴水波光躍鯉魚 流年入泮
八 夫妻合戊戌 前定
九 五十〢 事未可料 因禍得福

二百三十

一 二 三 四 五 六 七 八 九

丙申之年　名当高荐

六十九八

朝〻欢樂暮謳歌　歌舞陽春

父属虎　母属兎

四十四三

財旺称人心　貞祥福自迎

四十二

化日舒長　安居樂業

妻命戊午生　前生註定

一百四十
六千の三
園林開遍白梨花
白玉堂前開麗華

一
四子為牛
註定

二
二千八
室內有芙蓉
吉利每相逢

三

の
徒弟七人
得以送老

五
廿三
年来無是非
業蠏亥奚秋正宜

六
務本謀生利可求
錙銖積厚幅發之

七

八
夫命庚戌生
註定

九
廿の三
入戸春風
送来暖氣

一百五十

| | | | |
|---|---|---|---|
| 一 | 七千九千九 | 歸隱歡勝萬事足 | 西堂遠唱 |
| 二 | の千九千九 | 北堂一夜怯風霜 | 萱艸摧披 |
| 三 | 三の | 上高梯而復下 | 恨有失足 |
| の | | 妻命乙亥生 | 數定 |
| 五 | の千又四 | 財聚已成家 | 從前福祿餘 |
| 六 | の十八七 | 牛背有金珠 | 春光遍艸菲 |
| 七 | 卅二 | 床前有鬼夜相欺 | 煩悶掩沉總不疑 |
| 八 | 四千二 | 一妻一妻又一妻 | 數次佳期四度宜 |
| 九 | 三千の三 | 強把青頭帶笑顏 | 心中煩悶不須言 |
| | | 暖氣薰人 | 南極息々有風生 |

一百六十

一　五千一四　喪服相干　其年之晦

二

三　五千一八　兄符進宮有浮災　底事纏綿惹外來

の　五千一四　待得潮生風又生　扁舟未可試江村

五　廿一八　衣錦內藏珠　年年色自如

六　廿卅九　三月春光風雨多　桃紅柳綠兩邊之

七　父當亡于戊己年　方合此數

八　五千一九　數當絕處　萬事總成

九　卅の三　志負沖天羽未乾　還須謹守

一百七十

十　一　二　三　の　五　六　七　八　九

の千の三　の千ㄨ午　の千八乂　の千卆九

父屬鷄　母屬兔
生氣有相從　得之無不遂
路遇危橋處　逢舟可渡河
數有十二子　送老只三
順逆堪圖　往來無忌
不須檢却鏡光明　出耀樓台家得真
母命丁巳生　前定

一百八十

一 廿八七 数当浮子 荣華遍錦毬

二 五十二 桃李近清明 憂喜無常

三 四十二 经年累月 合数

四 十二子属金

五 一千千九 為謝長征促晚粧 從今不必向行藏

六

七 夫妻合癸丑 前定姻缘

八 一品王侯 豈是尋常

九 卅八七 際遇有乖离 黄金到處

二百九十

一 二 三 四 五 六 七 八 九

壬申之年　名当高荐

重继双亲亲不亲　原来依旧祀

卅大日　明明白白　進当有益

卅八乂　吉曜相扶免禍灾　平安過日福將来

卅平九　寒氣未除暖氣来　平分花柳正相催

有子出家　註定

妻命丁未生　註定

弍百零

一 二 三 の 五 六 七 八 九

卌の十九 明月正團圓

六十二 寒鴉棲木日沉西

の十の十九 相慶太平日

七十の三 曲水流舟空費力

妻命丁巳生

鳥云兩鬢兵擁金冠

五行家重是刑傷

少年雖受苦奔波

清光却好看

田首江山事〻盈

名花酒一巵

或时下而或时上

前生已定

誥命連翩富貴

四歲方適出

晚歲黃金積

二百一十

一　二　三　の　五　六　七　八　九

十八七　早二　卅の九　廿卅九

父命属火

畫長人靜草芊芊
滑個進入引入山
园林日暖百花乐
里云飛散
乙酉之年

合數

景色融和花正妍
登臨高處有躋攀
蛱蝶翩翩过粉墻
紅日当天
名当高薦

二百二十

| | | | |
|---|---|---|---|
| 一 | 卅二 | 霞洞鮮花 | 信饒春色 |
| 二 | 卅四三 | 寸腸今日得安靜 | 內外某心綽有餘 |
| 三 | 卅八七 | 太陽西墜 | 明月東昇 |
| 四 | 四十二 | 才過花甲春 | 又請往西方 |
| 五 | | 夫命甲辰生 | 註定 |
| 六 | 五十七 八 | 妻入畫堂中 | 陽和色正濃 |
| 七 | | 壬子之年 | 丹桂飛橫 |
| 八 | | | |
| 九 | 五十九 六十 | 黃鳥穿梭織得愁 | 綠、緒、恨 |

二百三十

一　四十四千三　福駢臻而不知　財以積而有

二　六十八千七　得子之喜

三　廿六千　好運初轉　人能造化

四　廿八七　庭前艸色正萋萋　一夜風霜漸被欺

五　四十六千　粟帛盈餘　有實無虛

六

七

八

九　五十九六千　欣心無限　得以整頓

二百四十

一　二　三　の　五　六　七　八　九

の千八斗　憂轉為喜　財散今朝又聚
の千八乂　明〻一坦途　迷而不悟費工夫
の十二　路走羊腸　得個先人來主張
蹉跎不已　有貴人扶植
父屬貌　母屬鼠
卆十二　生氣得週全　行來勝往年
母命屬馬　註定
廿八斗　有怀未可向人言　外頭歡喜內

二百五十

| | | | |
|---|---|---|---|
| 一 | 五千六四 | 有求必得 | 莫須消息 |
| 二 | | 玉人有刑 | 再娶辛巳生 |
| 三 | 五千九十八 | 有事將成破又來 | 若顛若倒意徘徊 |
| 四 | 六十六二 | 意欲週全事若虛 | 紅梅消瘦未開時 |
| 五 | 卅八七 | 公私兩相利 | 歡咲福相連 |
| 六 | | | |
| 七 | | | |
| 八 | 十二 | 行人度過 | 十里長途指日回 |
| 九 | 一二 | 天折可憐 | 爹娘擡首向青天 |

二百六十

父居乾

一　の千八乂　瑞氣隆隆滿画堂

二　五千一二　家門歡樂

三　五千乂口　陰不陰兮晴不晴

の　卅八乂　月色映中庭

五　數有以子

六　四千一二　道路正身路更通

乂

八

九　五千四三　衣食豐盈

母居猴

十謀九遇運相当

妻風出約

園林深深鳥世声

花木有青陰

二子送老

財業相湊又豐隆

家室康寧

二百七十

一 二 三 四 五 六 七 八 九

四千十二 六 亥十二 四千八八 七千千九 二千卅九

父属土

財多耗散
一别高堂不復还
推車未可上高山
父命甲午生
相逢未与言
所為不當為

母属金

鴉飛鵲噪
空餘心事寄塵凡
一步艰未一步难
数定
放轉眉頭有咲颜
枉費空劳力

二百八十

一 二 三 の 五 六 七 八 九

刑尅不相宜　憂虞弟の事

卅卯九　不劳心力獲錢財　謀事安舒福運来

妻大六年　前定

廿六　行藏不必費躊躇　周道馳驅馴馬車

六親星散不堪言　剩得囊空路八千

の子卯九　呼聚喝散令威嚴　赫赫声名掌大权

父命癸酉生　合數

卯卯九　白虎坐中堂　虎君有憫惶

二百九十

一 二 三 四 五 六 七 八 九

数有九子　　送老二人

卅ㄨ口　解神相見喜和同　　凶曜消除福轉陽

廿八ㄨ　事事稱心　　好花謳處更精神

廿卅九　遇个陰人　　可以向黄金

卅ㄨ口　南北東西皆不通　　往來有利吉相逢

七十ㄨ口　流螢有光　　可以借路

三百零

一 二 三 四 五 六 七 八 九

五千九 故人相見話当時 前後悲欢酒一卮

兄弟二人 同父各母生

夫命丙申生 合数

五千四三 捲尽浮云半点无 中天正当照金烏

四千四三 心事宲安闲 室家世不遂

数有七子 五子送老

四十六四 灯光明月照人行 步步週全眼

三百一十　衣食頗饒足　康寧福自生

一　卅八乂　告別諸親不復來　夢魂尤戀旧樓台

二　の十の三　夜当得子

三　卄入四　水中撈月枉勞心　且共從容酒一樽

四　卄の三　進退無定　禍患相逐

五　五行衆重是刑傷　拾歲總交先尅娘

六

七　卄八乂　莫意之中常有得　若失之中常有失

八

九

三百二十

| | | | | |
|---|---|---|---|---|
| 一 | | 徒弟六人 | 送老四人 |
| 二 | の十入口 | 喜事有餘 | 求謀今日托相知 |
| 三 | 卅九の十 | 一樹梨花白玉用 | 旦風吹落汸掛台 |
| の | 廿八火 | 明月照行人 | 知己却相尋 |
| 五 | | 妻[illegible]七年 | 註定 |
| 六 | | 造物有情 | 本是双胎所出 |
| 七 | | 刑尅不相宜 | 憂虞弟六妻 |
| 八 | | 早子寇死 | 遲招方実 |
| 九 | | | |

三百三十

一 二 三 四 五 六 七 八 九

前屬鼠 姑屬牛

五十千九

進有阻隔 堅守為得

前屬鼠 姑屬虎

四十二

擾攘多事 得一失一

父屬羊 母屬猪

乙未之年 名當登甲

一 二 三 四 五 六 七 八 九

堆金積玉　事皆合数

父乙丑生　合数

早運頗連　必作填房之婦

六子屬木　合数

父命辛亥生　合数

乙卯之年　名当高薦

七子屬火　合数

三百五十

一　廿乂丹　有经缔之才　遇而不遇

二　夫命丁卯生　数定

三　の十乎九　豐年有慶　幸中不幸

の　五十乂丹　安如盤石　謀望亨通

五　数有十二子　六子送老

六　八十二　明月有缺　光輝漸減

七　良人有刑　再嫁巳卯生

八

九　父命乙亥生　前定

三百六十

一 二 三 四 五 六 七 八 九

卅九 卅八 卅二

梅花先報信 春色漸芳菲
夫大二十九年 前定
善事翁姑 賢能之婦
终朝向舍求田 無限黃金在晚年
樹木扶疎綠陰濃 吹嘘之力杖東風
壬寅之年 曾着棲根
半生風雨楊花舞 温飽平生在晚年
时未能安 須求本分
夫妻全丁巳 數定

三百七十

一　二　三　四　五　六　七　八　九

辛九　喜雨滋培　艸木茂盛

命犯刑孤　未曾出嫁先傷夫

[illegible]　金谷園中設綺筵　山珍海錯列于前

父命庚子生　前定

父母全丁未　註定先天

良人雖有如無　心以修行為計

三百八十

一 父属猴 母属龍

二 の十卆九 風雨萋萋日正長 千紅萬紫臬相將

三 の十二 天德相扶免禍殃 凶神退去招貞祥

の

五 癸卯之年 会着捷報

六 欲上高樓起步难 徘徊觀望未躋攀

七 の十の三 擾攘不寧 內外焦心

八

九 の十卆九 有個漁郎來指迷 天台路近復何疑

三百九十

一　二　三　四　五　六　七　八　九

廿卅九　諸事現成　謀為稱心

妻命癸巳生　數定

午十八乂　究晦相侵　几番風雨

廿八乂　欲進且盤桓　宝馬未鋪鞍

卆十八口　人生財旺多　康寧家自和

夫大十五年　前定姻緣

七十二　大限已極　夢魂杳杳相知別

四十三　破財不一　向虛名而得

四百零

一 二 三 四 五 六 七 八 九

卄九 卅九
年復年來事漸通
好花掂雨未全紅

辛九 卒九
出門路盤桓
步步多荊棘

六十二
人事得其順
有謀為慶幸

妻命甲戌生
前定姻緣

父母全巳亥
前生已定

兄弟六人
數當居長

父母全丙子
註定先天

數有七子
六子送老

四百一十

一 二 三 〇 五 六 七 八 九

三千〇十九

乖戾不和　突星交錯

兄弟有七人　中斷惜喬君羊

父屬牛　母屬馬

玉人有刑　再娶巳卯生

徒弟三人　得以送老

二千〇三

好花亂披　恨風雨相催

四百二十

四九之年運大通　車轔々烈々根橋東

| | | | |
|---|---|---|---|
| 一 | 宍乂 | 月圓月缺果無常 | 人似水流沒主張 |
| 二 | 卄卅九 | 浮人相伴度危橋 | 眼前春光工柳稍 |
| 三 | | 載酒尋花 | 賞心樂意 |
| の | 廿二 | 春光明媚 | 物色更新 |
| 五 | 大千羊九 | 一別諸親不復來 | 青山綠水去悠々 |
| 六 | | 妻命居凶 | 前定 |
| 七 | 卅二二 | 福至心靈 | 謀之必成 |
| 八 | 七十又ロ | 一点螢光暗裡飄 | 若明若暗夜迢々 |
| 九 | | | |

四百三十

| | | | |
|---|---|---|---|
| 一 | | | |
| 二 | | 戊寅之年 | 名當高薦 |
| 三 | 四千九 | 昨日陰寒今日暖 | 春風琶頃開笙管 |
| 四 | | 八子為水 | 合数 |
| 五 | 七千八 | 陰中自有神相助 | 不須猜頓東西路 |
| 六 | 卅八 | 竹橋走馬双蹄滑 | 海上扁舟醉艄公 |
| 七 | | | |
| 八 | 卅二 | 挣過今年黃葉落 | 須防來歲柳條青 |
| 九 | 卅四 | 目下運亨通 | 無憂梟事濃 |

四百四十

一　卅九 四十　渡过崎嶇見坦途　前程咫尺有安居

二　玉人有刑　再娶丁亥生

三　四十二　黑云四散見青天　融融日色柳爭妍

四

五　五行受傷　八歲喪母

六

七　數有不幸　夫死非命

八

九　卅八　好花初放便凋殘　恨殺東君風雨瀉

四百五十

一 夫命辛亥生 前定

二 廿卅九 始終好事得週全 行見今年勝旧年

三 卅三 事事無成 貴人提拔可毋憂

の 刑傷第五人 好花雨打奈若何

五 廿の三 南北得和同 東西有始終

六 夫當出家 數定

七

八 父屬蛇 母屬牛

九

四百六十

一 二 三 の 五 六 七 八 九

春夏須濛花正掩　秋冬成熟大豐年

晚年得子莫嫌遲　雖是遲遲慶有餘

卅の三　綠村陰濃日正長　涼亭風捲芰荷香

乙巳之年　名當高薦

師命屬雞　前定

卅九　天心未復轉三陽　黃道初纏日正長

卅二　小雨菲菲　似無似有濕人衣

兄弟六人　數當居中

四百七十

| 一 | 二 | 三 | 四 | 五 | 六 | 七 | 八 | 九 |
|---|---|---|---|---|---|---|---|---|
| 四千九 | 十八 | | 五八 | 卅八 | 十二 | | 卅二 | |

妻命壬寅生　數中早定

無是無非樂意濃　三春花柳遍青叢

景色快怡人　垂楊遍綠陰

隨母從人　恨蚤喪良君

明珠抛擲在羊腸　灾悔有侵必有傷

運氣正徘徊　花枝風雨催

風捲楊花撲面飛　漫漫白雪着人衣

月照千里照人行　秋色澄清到處明

四百八十

一二三の五六七八九

卅八七

二十八七

夫命乙巳生　前定

春光一去不復反　東風吹雨客衣單

炉中分造化　憑火作生涯

良人有刑　再嫁甲午生

到處花開披錦霞　院宇晴和開罷華

謀事不合　得個貴人扶持

四百九十

一 卅四三 止須筵歌設綺筵　華堂春暖日融和

二 天喜臨垣　數當得子

三

四

五 五十九 歸倦揔由人　浮云飄忽自無心

六 卅四三 鳥穩遠屋鳴　破耗禍相侵

七 母命甲辰生　前定

八

九 父屬猴　母屬兔

五百零

| | | | |
|---|---|---|---|
| 一 | 十八七 | 無意向花〻自開 | 易成易〻不須猜 |
| 二 | | 真假四子 | 得以送老 |
| 三 | 卅八四 | 終日持竿不得魚 | 江頭風急苦凄〻 |
| の | 七十八四 | 掙過山崗又是崗 | 道途多少屬艱難 |
| 五 | | 甲子之年 | 浮子 |
| 六 | | 五九年華路始通 | 貴人提拔富無窮 |
| 七 | 不十八四 | 一程又一程 | 無処不陽春 |
| 八 | | 丁酉之年 | 名当高荐 |
| 九 | 二千卅九 | 錦繡河陽縣裡花 | 春光到処遍韶華 |

五百一十

| | | | |
|---|---|---|---|
| 一 | の十ㄨ口 | 蹇塞而破財 | 虽散復还来 |
| 二 | 五十二 | 纏醉忽还醒 | 憂与喜相併 |
| 三 | 不十の三 | 忽然長逝恨如何 | 悔來從前事事非 |
| の | 六十ㄨ口 | 求之必遂 | 進而後退 |
| 五 | 廿ㄨ口 | 羊腸路尽 | 漁郎指引入桃源 |
| 六 | | | |
| 七 | 廿二 | 謀欲成时天若催 | 成之必壽福相随 |
| 八 | | | |
| 九 | 不十ㄨ口 | 高低未得齐 | 人事費精神 |

五百二十

父屬猪　母屬猴

一　廿四　吉人相扶　平安之福

二

三　妻命巳酉生　數中已定

四　五千三　福來不必求　安然稱慶得優游

五　七千九百九　可玩不可得　春風送個真消息

六　卅八　昔日排細有不前　今朝跨馬仍加鞭

七　七千九百九　日出而推　取得松枝滿担挑

八　六千四百三　早暮慢消停　一場春夢恨無憑

九　六千八百八　融融洩洩　黃金無計

五百三十

一　六十二　莫以遲遲怪蹇驢　由來山路正崎嶇

二　廿六四　土窟之中有個精　沒頭沒尾伴污泥

三　五十五十九　喜事天來　費心之处得逢財

四　六十六十九　灯花結蕊　堂上閙笙歌

五　廿八八　進三退四恨如何　眼下遲疑反復多

六　廿四三　鶯花正好遊　高歌杯酒復何憂

七　五子屬火　誰定先天

八　六十五十九　難之又易　一犒便饒三趣

九　教有五子　四子送老

五百四十

一　の十九 卒九　春光無限堂中錦　花意相爭事不同

二　夫妻仝丙子　註定

三　卒亥　珠盈金屋之中　冨不可限

四　兄弟出家　原素有数

五　卅戊　措用無成　时之未遇

六　丙寅之年　淂子

七　の卆九　花落沾濡　憂々鬱々不相宜

八

九　父屬犬　母屬虎

五百五十

一　卅二　稿苗淂雨勃時興　金風先生报淂成
二　卅九四千　喜而不喜　明月自有盈虧
三　　壬辰之年　名当高薦
四　四千四三　左冲右突　弥縫其失
五
六　卅九四千　歌舞台斜日融融　宛轉春風樂意濃
七　　暗裡鬼神射箭來　須防小人有多災
八　　癸酉之年　淂子
九　廿以　破財見災　不幸又不幸

五百ア十

一　卅九の十　城頭之下掛神龍　諸事亨通福自從

二　卅八口　雲封日色　輕雷隱々憂必測

三　命犯在死街　身為殘樹栽

の　巳巳之年　浮子合數

五　ㄨ十二　到此數已極　數盡唯留客

ㄨ　壬申之年　浮子合數

乂　口十八　小人有恨未能容　尋個勾連禍不窮

八　六十の三　芳草菲々春色濃　郊原新綠日融々

乂　夫命屬牛　姻緣前定

五百七十

一 の平子八子 所遇不相得 別尋知己方有益

二 徒弟四人 二人送老

三

四

五 卅二 牡丹花發正芳菲 輕霞当年千萬花

六 虽然出身小 應有八座尊

七 卅八 前行昧其所止 却彼无妄之禍

八 卯平九平十 理見前溪 巴得前溪力未堪

九 帶疾復為僧 孤飛又失群

五百八十

一　二　三　四　五　六　七　八　九

九子居庠　數定

六千九　一点紅灯照路途　高低須当小心行

長子居龍　詮定

七千二　大數原來不可逃　仲尼赴台泰山顏

六千四三　不勞心力　安然其益

卅千九　風風雨雨恨無憑　桃紅柳綠損精神

五百九十

一 大運須交六大年 倉箱盈裕福星纏

二 卅の三 侵曉鵶鵲鳴 凶吉不堪聞

三 母命属木 合數

の 卅の三 欢咲近時 春風到海棠

五 卅の九十 馬失其鞍 高低之处有盤桓

六 徒弟六人 三人送老

七

八

九 卅の三 魚龍縱大壑 小汲三千里

六百零

山外青山利可求　成家立業事多憂

| | | | |
|---|---|---|---|
| 一 | 五十八四 | 中流遇雨霜 | 何必及早成衣裳 |
| 二 | 五十八四 | 馬度危坡 | 回首費蹉跎 |
| 三 | | | |
| の | 四十九 | 虽費工夫 | 久之当有得 |
| 五 | | 三七時光又八書 | 須知禍散福來臨 |
| 六 | の十八四 | 寂〻淹留時日多 | 妻兒秋月且高歌 |
| 七 | 日十八〤 | 多事日安靜 | 行來道坦如 |
| 八 | | 一生拋腸多吃累 | 与人思義反為仇 |
| 九 | 卅二 | 遇有險阻之处 | 神翼之而無害 |

六百一十

一　の十乂　踏破長途未見家　秋風一夜入蒹葭

二　犯着孤鸞可奈何　甘心淡薄做尼姑

三　卅の三　馬繫在高楊　兩眉到此正開揚

の　の十久日　樂極变為憂　只餘多病恨無休

五　夫命丙午生　前定

六　三台星暈　位至部堂

七　無物不從容　樂在管絃中

八　の十の三　昨夜朔風高　江上白雪飄

九　日十二

六百二十

一 四十九 父屬馬　母屬鷄先天早定

二 藤蔓蔓延　是非破耗有勾連

三 辛巳之年　得子

四 四十二 甲申之年　得子

五 有梯可以援　高樓家上不為难

六 十六四 良人有刑　再娶丁亥生

七 四十八七 凶神得個解神扶　福自相逢禍自消

八 四十八七 潮来潮去　財散財聚

九 四十二 數到頭来總是空　金銀田土恨無窮

斬絕糾纏　舉步得安然

六百三十 〤千〤千九 不憂不憂 未了白頭

一 夫命巳卯生 合數

二 卅〤口 運未必神 遇事出無心

三 〤千〤口 風日晴和 情懷舒暢

〤

五 五千〤八 一場煩惱 意外相攪

六 五行家重是刑傷 大歲未過喪母亡

七 十〤口 春風多綺 翩翩得意

八

九 七千〤口 得子之喜

# 六百四十

一 六十八乂 梨花夾帶柳花飛 春風寂寂鳥空啼

二 の十一二 無禍亦無灾 辛勤可以得錢財

三 の十八ㄖ 溫飽無尤 風送小舟

の 五行家重是刑傷 七歲未遇喪母亡

五 の十の十九 錦繡堂中列綺羅 暖氣相逢鳥声和

六

七 廿二 可以進而進 謀之暗合無煩惱

八

九 七十八ㄖ 東君得主張 心事是倘佯

六百五十

富貴崇高　已極人間之福

一　十卄八　出门無所札　所遇皆知已

二　父命庚午生　數定

三　卄十八口　晦氣交加　室中有損

の　廿二　慮有忱傷晚不傷　遲疑恐懼有徬徨

五　夫命丙兎　數定

六　丨　卄十二　〤三　黄花白玉福無双　子侄衆〻滿画堂

七　丨　卄卄九　上　大耗小耗相催逼　破財破鈔當不一

八　夫大六年　前定

九

六百六十

一 二 三 の 五 六 七 八 九

卅の三
時雨高軒暑氣消
月明已上柳枝稍

妻大二十一年
前定

の十又口
滑行其志
前程十里兰穷市

七千又千八
月缺恐难圖
浮云在眼前

卅の三
一行滑個貴人扶
食飲膏粱衣綺罗

十又口
交差歧路悮人行
南北東西杳不明

結髮夫妻是活離
先天前定不差移

卅又口
数到頭來不自由
東君兰計可遲留

六百七十

一　二　三　の　五　六　七　八　九

十の三　暖氣侵人　桃紅柳色新

六親偏無靠　多少相嘲笑

卅四　相打場中休前向　是非禍裡早抽身

廿 卅九　羊占虎閨　自速其咎

卅八　無灾亦無唯　古鏡拂乘塵

夫大十七年　前定

廿二　有〻無〻可吁嗟　每向東君怨落花

六百八十

一　の十ㄨ〤　進阻無神　圖之有力

二　卅〢　一朵灯花晚色寒　雪花零落壽欄干

三　辛卯之年　名当高荐

の

五　の十ㄨ八　富足有餘　春色無憂罷人居

六　卄卅九　好將短事沉長事　莫听傍人說是非

七　の十卄九　风静氣而狂奔　遇有舟而渡人

八　五十卄九　倫前缺後　數有未齊

九

六百九十 十二 明月初經 清光一半照南軒

一 千乂丹 夢魂搖拽櫓舡中 告別諸羣無影踪

二 千八乂 苦不知足 辛勤白髮逐勞碌

三 千千九 得安然之慶 納無限之福

の 千の三 朝朝暮暮何時足 一旦無常相追逐

五 十八乂 洞房花燭 却是鼓樂之聲

六 卅乂丹 將來守个出頭時 解放愁眉酒一卮

七 母命丁未生 數定

八 廿二 好个妻光又兩夫 陌頭楊柳足堪眠

九 千の三 珠珠璃璃積積餘 富有衣金數不窮

七百零　一　二　三　の　五　六　七　八　九

の十八　时當順境　何事不堪為

父属木　母属水

の卆九　樂事約相同　春風到处逢

の十八　来〻去〻　生意难期又一滩

妻命丙申生　前生註定

守定根基啟後人　後人昌大事迹新

の十二　事有頭緒　高歌醇酒多餘味

七百一十

| | | | |
|---|---|---|---|
| 一 | 廿加 | 事業猜疑霜未乾 | 祇恐紅日上三竿 |
| 二 | 卅二 | 事事從容恢抱寬 | 凄風一陣夜生寒 |
| 三 | | 妻大十六年 | 數定 |
| 四 | の十平九 | 財積如山福自至 | 春風花發落陽坡 |
| 五 | 卅ㄨ4 | 道途皆坦 | 不恨風波 |
| 六 | ㄨ十の三 | 樂事稱人懷 | 貞祥福自來 |
| 七 | の十二 | 病事稱肩重 | 着力可知公 |
| 八 | | | |
| 九 | | | |

七百二十

一 卅四十九 錦宮城裡富堪誇 日〻笙歌用麗華

二 六十九 有餘不足人事多 比長較短待如何

三 千八乂 到此數已極 諸柔相送空相憶

四 卅二 黃金雖貯不須求 上下安然慶有餘

五 父妻全年未 註定

六

七 千八乂 見孫兩眼壽如松 造化原來有不窮

八 丁亥之年 得子

九 四千四三 托肩之有失 可寬其心力

七百三十

一　二　三　の　五　六　七　八　九

の千九千九　笑之莫已几成哭　未及長驅悲斷續

父属鼠　母属犬

九十九十九　究禍不生　內外得安寧

の千八　空兩深淵间有鱼　綸綸不辨貴精神

辛丑之年　名当高荐

の千廿　易而不易　掙过寬然憂拮据

口千九千　人在醉中　昏迷不醒

口大　寿短兆危命所該　一朝掐兩數中排

七百四十

一 二 三 の 五 六 七 八 九

の十八 雨收雲散月光明 相逢從人取次行

口十ㄨ口 暢其所欲 無憂不足

ㄨ十の三 淸子之喜

廿二 厝火忽自悞 自悞伏其禍

庚寅之年 淸子

五十二 俐是相干又破財 其年出入鬼相猜

の十ㄨ口 事逢喜氣 可為安榮

の十一二 半夜潮声大若驚 不為利遂又成名

癸亥之年 君声特達

七百五十

一　二　三　の　五　六　七　八　九

廿ㄨ口　野犬延入室　陰人小口晦相爭

七千千九　福来佑人　健旺精神

廿卅九　夜雨洗開朦朧眼　西風搖動伯牙琴

卅ㄨ口　謀事得專成　馳驟馬歸輕

父屬雞　母屬龍

一千二　東西路已通　開船却遇順帆風

卅ㄨ口　纔脫災时禍又臨　碧天明月有云生

卅刀三　工之復下　相逢猛浪

七百六十

一 二 三 四 五 六 七 八 九

九十才九 室正黃昏 天邊月色明

毋先父後 終天之恨

七十又四 咀唔復咀唔 東風几陣梨花雨

廿二 有個知心尚未來 黃昏相待已徘徊

乙未之年 浮子

數逢土木之年 魁子

癸巳之年 浮子

七百七十

一 六十二 樓着東君一紙書 千年之計总成虛

二 四十八七 意欲取而無成 得失相干

三 五十五十九 挣过南嶺高低路 不復多回頭

四 廿八口 缘得圓时又見虧 圓虧相倚不須猜

五 八十八四 時常之納福 画轉四岫

六 徒弟五人 三人送老

七 廿二 不遇而昌 漸饒生趣

八

九 夫妻仝甲戌 數定

七百八十

一 二 三 の 五 六 七 八 九

六十入〇 福禄来时不用忧 往前退後总优游

の十八〆 安步向前 驰骤福相连

夫命癸亥生 註定

已未之年 名姓高荐

卅九の十 春色洛阳城 高低锦绣纹

十八〆 浮中有失 春风日日空相忆

卅九の十 山路已崎岖 一步高来一步低

卅の三 不费精神 生涯自有成

七百九十 姑先死翁後亡 此刻數定
一
二 早八七 太平無事日優游 順境相逢不用謀
三 妻大八年 註定
の 早十二 時通时寒 禍福無疑感
五 の十九 早九 所以不合 謀之總無益
六 の十二 一夕長江捲晴塵 雲時風雨莫遂迴
七 翁先死姑後亡 合數
八 宰知 流年未安 凶神破耗事多端
九 十二 人物一時新 喜李已逢春

八百零
の十の三　一步一週全　春風信馬歸
一　前先死姑後亡　合散
二　早卆九　破耗不一　得中有失
三　早の三　救定得子　喜工眉尖
の　一二　天曉須懞　依稀日影紅
五　早卆九　人事交未勝旧年　祇餘啾唧晦相纏
六　父命癸亥生　合散
七　の卆九　日色融融　几陣條風
八　自春入夏几回旋　一遇秋冬福履綿
九　姑先死前後亡　方合此散

八百一十

一　卆十乂口　一点餘烟火未消　金炉依旧異香飄
二　十卅九　堂前映白雪　数定父歸陰
三　十の三　蓮花凝曉日　色自出尋常
の　丙申之年　得子
五　卅八乂　憂之既積　益之歡笑
六　父屬兔　母屬馬
七　卆十一二　年來家計得從容　內外無虧福自從
八　己亥之年　名當高薦
九　廿の三　片雲飛過　明月當天

八百二十

| | | | |
|---|---|---|---|
| 一 | 四千八七 | 璞玉既分 | 尋見欣為世用 |
| 二 | | 夫大三十四年 | 數定 |
| 三 | | 富有萬金比石崇 | 易新事業福無窮 |
| 四 | | 父命甲辰生 | 數定先天 |
| 五 | 七千八七 | 惠風條節 | 歌舞婆姿 |
| 六 | 七千四三 | 大數原來有盡時 | 眼前名物不堪思 |
| 七 | 四千四千九 | 暖風洋洋 | 十分春色 |
| 八 | 廿二 | 太歲有情 | 逢凶化吉 |
| 九 | | 丁酉之年 | 得子合數 |

八百三十

一　二　三　の　五　六　七　八　九

丑千九　丑千二　五千の三　十五四　卅五日

父属猴

大樹扶疎伏鳥眠

前路正崎嶇

納粟向前程

名利未可求

灼灼桃夭

當午日光

母属雞

小人陰損在眼前

端詳推六爻

功名在半程

求之定有阻

一片紅光似錦

文明有象

八百四十

一　二千卌九　遇着知心人　心事得推委
二　良人有刑　再嫁乙未生
三　卅大口　半疑吉信半疑凶　千里迢迢書一封
の　妻大十八年　註定
五　庚申之年　得子
六　の千卆九　事到頭來不自知　江山千古恨悠悠
七　十二　亂頭牛尾　展轉多憂擾
八　六千七千九　喜氣上鍋篚　其年事事和
九　兄弟六人　數當居末

八百五十

一　廿の三　金風一夕　頓除煩熱

二　五十〆九十　白玉堂前遍白楊　高低一色雪飄楊

三　口十八〆　人事融和見喜容　畫堂佳氣靄重重

の　五十〤口　五旆度北來　飛符更作突

五　廿十二　光耀三台　名高爵厚

六　尅過丑年妻　後運能堪配

〆　辛丑之年　得子

八

九　母命乙丑生　數定

八百六十

一 二 三 の 五 六 乂 八 九

の千、こ 事無干涉 終日逸豫

卅の千九 蓬々勃々驟然兵 富貴金事業增

四千六百八 光風霽月 起舞歡悅

の千六百八 勾陳星現寂無情 牽害官非有變更

父命丁酉生 數定

の千の三 時雨浹濡 農天之慶

の千六百八 貴人携手相扶 事魁其清

卅六百八 長歌一曲送行人 無限關山恨遠征

八百七十

| | | | |
|---|---|---|---|
| 一 | | 數逢十三の | 父命见定傾 |
| 二 | の十二 | 宝鏡重磨 | 光榮勝昔 |
| 三 | 五十八 | 一個崽兒啣把刀 | 小人欺晦禍相招 |
| の | 廿七 | 嫩竹抽竿已过墻 | 会看此日拂云台 |
| 五 | | 妻命甲辰生 | 合数 |
| 六 | 卆の三 | 晚期一遇 | 意氣半消磨 |
| 七 | | 早年兒女有緣 | 青春罗列堂前 |
| 八 | | 長子属猴 | 合数 |
| 九 | | 財帛虽有餘 | 到老属勤劬 |

八百八十

一

卅〤口

母命辛酉生

數定

二

秋月妻死

無日不足

三

卅四十几

机会未来

進三退四

四

身虽男子

却似女形

五

四十八乂

相逢有顔

人在壽死天

六

父命屬龍

數定

七

八

九

十〤口

人生不幸有刑傷

法内西風泪兩行

八百九十

一 二 三 四 五 六 七 八 九

玉人有刑　再娶丙午生

七十二　睡而不睡　三 沉沉迷惘

十八　陽和雨後　艸色青青侵窓牖

夫大九年　前定

四十二　流年如所須　次第春風看懨足

卅八　千里河難阻去舟　徒勞費力漫追求

三子屬馬　合數

九百零

| | | | |
|---|---|---|---|
| 一 | の千ヾこ | 青龍搖尾 | 滿门之喜 |
| 二 | | 父居蛇 | 母居雞 |
| 三 | の十乂廾 | 時來未逢路若迷 | 水流花落鳥空啼 |
| の | 廿八乂 | 更籌報盡天已明 | 寒夜疎星趁早行 |
| 五 | | 丙戌之年 | 名姓飄揚 |
| 六 | | 早歲承寧 | 中年折挫 |
| 七 | | | |
| 八 | の十乂廾 | 無心福自來 | 春風有意好花開 |
| 九 | 千のミ | 濟渡有船 | 須登彼岸 |

九百一十

一 二 三 四 五 六 七 八 九

五千九 牛与角觸 禍患相逐

六千八 一片彩霞秋後空 日開晴霽得光華

四八 燕子止交飛 春深梅子肥

巫名巫利百無成 浪跡浮踪已半生

戊午之年 得子

十四三 枝頭為報三更月 子規鳴唤声啼血

廿六千 洛陽三月景粧成 高下樓台物色新

徒弟五人 送老只一

九百二十

| | | | |
|---|---|---|---|
| 一 | 卅の六 | 物色更新 | 錦綉上林春 |
| 二 | | 五行最重是刑傷 | 七歲未遇喪父亡 |
| 三 | 四十八七 | 人事從心 | 寢之眠席 |
| 四 | 八千卅 | 整頓商裝 | 淹然思渺茫 |
| 五 | 四十の六 | 否極泰來 | 造化又当旋轉 |
| 六 | | 年將十七八 | 椿樹必傾頹 |
| 七 | 卅九の十 | 輕寒輕暖 | 景物無边 |
| 八 | | 夫妻合庚辰 | 數定先天 |
| 九 | | 美貌佳人 | 粧奩無得意 |

九百三十

一 二 三 の 五 六 七 八 九

數內刑傷　早別雙親泪几行

奔馳他鄉事未成　不如收拾且歸程

良人有刑　再娶壬寅生

妻大九年　合數

五十の三六

東西不離　空勞馳逐

妻命丙辰生　註定姻緣

六十八

朝不謀夕　日不暇給

九百四十

五十五 輻湊黃金 福自崇 安居履順樂無窮

一 六十八 斟酌舉事 大收其益

二 良人有刑 再嫁甲辰生

三 六十二 前後有阻 別無安妥

四 父屬雞 母屬馬

五 四十四 突侵福氣微 東來燕子又西飛

六 妻大十年 前定

七 廿八 花發園林日正長 東風料峭曉凝霜

八 六十二 芦医再世藥無灵 大限終時有主人

九 十四 紅日東昇 紗窗明亮

九百五十

一 七十六五 亂安在衣堆 東風吹好花

二 父妻金巳酉 數定姻緣

三 楊樹花發正暮春 樓台之下正輕衣

〇 本十二 數有八子 七子送老

五 子母錢來不患貧 殘花榆柳得交妻

六 夫命屬虎 准數

七

八 丁未之年 得子

九

九百六十

| 九 | 八 | 七 | 六 | 五 | の | 三 | 二 | 一 | 九百六十 |
|---|---|---|---|---|---|---|---|---|---|
| 四千の三 |  | 五千七 | の十二 |  |  | 卅の千九 |  |  |  |
| 履之坦之 | 适和處世 | 不費精神自有成 | 一面菱花半面明 |  |  | 斬绝纠纏任坦行 | 癸丑之年 | 甲辰之年 | 父属馬 |
| 羊頭羊尾掩〻兩〻 | 忠厚待人 | 福来相随湊贡金 | 其餘半面掩灰塵 |  |  | 前山青色後山青 | 名当高薦 | 得子 | 母属犬 |

九百七十

| | | | |
|---|---|---|---|
| 一 | | 庚戌之年 | 浔子 |
| 二 | | | |
| 三 | | 父母全亡酉 | 前定 |
| の | | | |
| 五 | | 前代功勳大 | 蔭襲衣伴君王 |
| 六 | | 數有七子 | 送老 |
| 七 | 卅の形 | 妻日园林 | 交加新緑 |
| 八 | | 壬子之年 | 浔子 |
| 九 | 早形 | 可惜当年事不穷 | 今朝低首向西風 |

九百八十

十 一 二 三 の 五 大 七 八 九

卆の三 福又加增

卄八乂 津水芹糸

七十の三 越老越精神

甲寅之年

夫命壬戌生

卄八乂 滾〻有財源

春風歌曲

採之如寄

見孫繞膝福來增

潯子

數定

蕭墻伏禍胎

九百九十

一 二 三 の 五 六 七 八 九

の十六八丹 舟搁泥沙 午潮有待

六十六八丹 人生不幸有刑傷 泣向西风泪几行

甲申之年 名当高荐

夫妻全甲辰 数定

の十八七 未及前進 又当推卸

七十六八丹 艸木凄凉 連朝霜雪

二十二 春色侵人 会見相成好梦

十月三 黄鸎喬遷 其声睆眺

# 震數

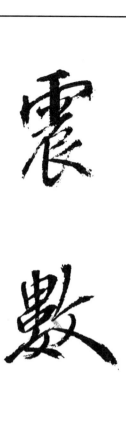

六千零

一 二 三 の 五 六 七 八 九

卅八

揚帆迅風 中流遇石

卅二

戊辰之年 会看提拔

點點芭蕉夜雨声 愁人憂悶不堪聞

妄意棼財 困財喪命

續之復斷 命中早定

廿四

兄弟十三人 同父各母生

苦雨淹沉 行人愁悶

父命屬鼠 數定

一十 五十八四 祿星照命 恩曜來臨

一

二 父母全乙卯 前定

三 五十八四 事可當爲 謀之有利

の 廿八四 出神爲吉〻爲凶 凶之無害吉成功

五 徒弟五人 三人送老

六 の十九 無害無益 勞力勞心

七

八 廿の三 不失舊物 漫游昌盛

九 師命高大 前定

二十

| | | | |
|---|---|---|---|
| 一 | 廿〤口 | 事順何其易 | 春風拂〻来如意 |
| 二 | | 師命屬鼠 | 數定之先天 |
| 三 | | 父母全丙寅 | 前定 |
| の | 五十八〤 | 有藥也难医 | 原来尽期 |
| 五 | 卅八〤 | 混逐世速 | 顛倒招呼 |
| 六 | | 師命屬猪 | 註定 |
| 七 | | | |
| 八 | 卅の三 | 浮子之喜 | |
| 九 | 〡十二 | 飛符傳撤 | 灾患不息 |

三十

九 八 七 六 五 四 三 二 一

四乾九 卅四三

景物有情
窓前一穴光
妻命丁酉生

卅八 卅四三

丙午之年
月光千里尽無雲
夢魂甚擾
夫大八年

嗟客開展
堂客思徬徨
前生已定
名当高荐
忽轉青雲日有陰
遭際相安
前定

# 四十

| | | | |
|---|---|---|---|
| 一 | 四千九 | 一日無常數莫逃 | 從前事業總徒劳 |
| 二 | 卅九四千 | 夢叶麒麟 | 運至添新 |
| 三 | 卅九四千 | 憂悶度流年 | 心事不堪言 |
| の | | 夫命亡卯生 | 數定 |
| 五 | 卅二 | 桃紅柳綠 | 喜事連連 |
| 六 | 四千八 | 喜事相招又見財 | 財源福輳稱人心 |
| 七 | | 罰命屈疏 | 合數 |
| 八 | 卅九四千 | 一日一日復一日 | 已對良辰佳節 |
| 九 | | | |

五千

一 二 三 の 五 大 七 八 九

巳巳之年　名當高薦

夫命屬土　合數

母命屬水　前定

の十三
笑容一展變憂容　花正開時又遇風

卅卆九
草木排芽自待春　梅花早已報東君

父屬牛　母屬乾

の十三
夹岸曉烟收　垂楊嫩綠浮

父命壬午年生　前定

六十

一 二 三 の 五 六 七 八 九

宰二　東風忽又轉西風　晝夜炎涼事不同
卅〤口　寧而吉利　恩星與人
妻命戊戌生　合數
早十二　壽〻合〻　春光已過卅年顏色
〇早〤口　意興踴躍　高歌慢酌
母命丙戌生　前生註定
〇早早九　恩曜相扶　加官進祿
早十〤口　福去福來　災晦消除吉慶臨

七十

一 二 三 四 五 六 七 八 九

夫妻全已卯　註定先天

卅卆九　園林暑氣膺　綠陰堪寄托

四十卆九　夢入南柯不復回　空餘珠泪使人悲

兄弟六人　秦楚不同盟

空有黃金付子孫　子孫猛浪雪消汞

五十四六　小路轉来逢大路　可以無煩足力勞

七十八七　时年運精　数訣得子

八十卆九　遭際喜非常　黃丸晚有兒

八千

一 二 三 四 五 六 七 八 九

夫命壬子生　　前定良緣

庚午之年　　名當高薦

卅九　水漲滄江兩岸平　　偏舟自在可前行

廿二　画錦堂前簫幞生　　少年行樂精豪奢

翁命属蛇　　數定

五十六　謀事湊當年　　廣置園林廣置田

九十

一 二 三 の 五 六 七 八 九

妻命屬龍　　　　　　前定

一千九百九　一去不復来　　夢魂空变旧楼台

三千卅九　洛陽春日　　　錦繡遍城中

の千九百九　葵花偏愛日　　浮雲飛過陰遮来

父屬雞母屬蛇　　前生早定

の千九百九　不意之中福自臻　　罡星相照有黃金

前命屬馬　　　　前定

良人有刑　　　　再嫁庚戌生

一百零

一 二 三 の 五 六 七 八 九

廿七　梨花三月雪　白遍楼台飛不歇

師命屬牛　先天早定

廿二　喪服星臨　流年之咎

の五四　喜出意外　安然之慶

父屬兔　母屬龍

廿三　却向泥神問利名　吉凶逐是費沉吟

母命庚申生　數定

一百一十

一 [illegible] 翁屬猴 前定

[illegible] 安然進步 青山绿水看妄救

二

三 [illegible] 安心樂意 出入須地

四 十七 一面夫君不辨心 恨未精眼便相刑

五 [illegible] 一場煩惱莫能知 悔恨妻凨祇自疑

六 四子屬犬 數定

七 [illegible] 年華去又来 黃金嫩柳不須猜

八

九 [illegible] 求所當求 魚已吞鈎

百二十

一　二　三　の　五　六　七　八　九

〦十丈丑
東君今日促寄裳
爲正當年着正忙

翁属鼠
此属兔

五十卆九
几年奔走得休肩
今日從容花柳前

卄八乂
庭前草木如春意
暗裏潛滋色轉新

の十八乂
日生好花前
相看擁翠佃

五十二
前村未見杏花紅
指引來時有牧童

夫命辛卯生
數定

五十の三
綠楊深處一魚舟
慢捲絲綸無所求

二百三十

一　父命属猴　母命属猴

二　卄卅九　言採其芹　氷之泮

三　卄八斗　際遇漸亨通　頃刻東風回達

四　二子属兎　數定

五　母命巳未生　數定

六

七　兄弟四人　同父各母生

八

九　卅八斗　上苑春花　錦繡奪目

一百四十

一 二 三 四 五 六 七 八 九

癸酉之年　名當高薦

六十戊　大數已今盡　江水東流不復西

得嚴父之蔭　享遐齡之福

母命屬鬼　前定

四十戊　瑞氣止隆隆　事得喜和同

妻命癸丑生　先天註定

六十卯　走迷路得猪　却入將死深處

一百五十

一　二　三　の　五　六　七　八　九

真誠待人　受人欺侮

玉人有刑　再娶而申生

の十の三　造化週旋　否極泰來

の十〤〥　愁悵不可言　謀事成寃恨轄牢

赤日走長安　千里往來奔走

夫妻緣舊　當棄妻而愛妾

毋命居土　數定

二百降

一 翁命居羊 合救

二 丗八 走逢遂境 事事皆憂悶

三 黄堂錚有餘 当年不必費躊躇

の 夫妻先会合 而後結絲羅

五 卆三の 陰氣盤旋晦逼來 哭之不已又逢哭

六 丗九卆 数該生子

七

八

九 父母全両辰 前定

一百七十

一　二　三　四　五　六　七　八　九

父居乕
[illegible]日边擁護祥雲
[illegible]原素大数不由人
妻命庚午生
[illegible]一生前途未息肩
[illegible]太陽東上萬潜踪
[illegible]芍藥一欄
師命屬乕

母居乾
華堂坐耀门闾
豪杰英雄化作塵
前生早定
征人躑躅向流年
人事欢呼喜氣中
奪取牡丹富貴
先天數定

一百八十

一 二 三 四 五 六 七 八 九

父屬龍

五千四三
萬紫與千紅

六千六千九
祥雲疊疊

五千八七
到頭萬事總成空

廿千卅千九
秋愁與旧愁

五千六乙
陰謀竊覘多

心存利濟

母屬羊

三春景不同

偏出華堂

貴賤窮通事不同

解放兩眉頭

黃金有消磨

道可榮身

二百九十

一　二　三　四　五　六　七　八　九

七十八　凄風苦雨令人愁　總是愁人不見愁

翁命屬猴　數定

妻命乙卯生　前定姻緣

卅八　安分無求　享福悠悠

夫大七年　註定

父命屬兔　註定

一千八百　蒼台雨過滑如油　旋踵無心有個憂

二百零

一 二 三 の 五 六 七 八 九

十九 廿九 花時初動 微紫上紗窗

の十 の三 烟花迷漫 江上無色

父屬犬 母屬猪

十乙 蛟龍不是池中物 雲雨來時即奮騰

妻大二十二年 註定

一乙 初年成立苦艱難 依傍他人性命長

廿八 乂 金風玉露 萬寶告成

二百一

| | | | |
|---|---|---|---|
| 十 | 卅〇十九 | 苦盡有甘泉 | 斟酌多餘味 |
| 一 | 廿卅九 | 雖云死猶喜 | 未動鼓樂声 |
| 二 | | 夫命已未生 | 敎定 |
| 三 | | 父命屬羊 | 註定 |
| 〇 | | 享現成之業 | 慎守而昌 |
| 五 | | | |
| 六 | | | |
| 七 | | | |
| 八 | | | |
| 九 | 五十八 | 株木阻于前 | 蒺藜阻于後 |

二百二十

一　の千 入午　行藏不必費思量　際遇將來必有孫
二　妻命癸酉生　姻緣註定
三　の千 八乂　安寧〻〻　無是無非悔不侵
の　夫大十六年　數定
五
六　卅 入午　尋復旧物　更增新色
七　十 の三　雖是高山路〻通　半為費事半成空
八　七千 入午　數當濟子
卅 入午　情至怨啼淚欲枯　黃昏麻〻鳥相呼
九　數中属鼠子　不是來生者

二百三十

一 二 三 の 五 六 七 八 九

卅入午

無往不宜　何惧相欺

數有七子　得以送老

の六八七

瑞氣溢門閭　平安物可看

徒弟七人　二人送老

丁未之年　名当高薦

夫大二十五年　數定

平入午

有個枯枝又復榮　今年不与去年同

父命癸卯生　前定

二百四十

| | | | |
|---|---|---|---|
| 一 | | 朝夕勤勞 | 相夫而守 |
| 二 | | 玉人有刑 | 再娶癸卯生 |
| 三 | の十二 | 白占園林雪色空 | 洞痕洒向玉闌干 |
| の | | 父居乾 | 母居坤 |
| 五 | 茂 | 走來去路勿徘徊 | 一望花開歸作堆 |
| 六 | | | |
| 七 | | 翁先去世 | 房鶏姑命壽元長 |
| 八 | | | |
| 九 | の十三の | 太陰幽耀 | 魍魎潛刑（形） |

二百五十

一二三四五六七八九

父命丙辰生　前定

五十六四　汾门和氣　黃堂相遇無煩計

妻命属水　注定

六十八　官不憂來私不憂　安然納福總無求

卅九四十　屏却憂煩持笑容　時來無事不春風

廿二　清明花事正芳菲　恨殺東君風雨催

二百六十

一 二 三 四 五 六 七 八 九

父命丙申生　合數

父命屬土　先天註定

卅六十　凤送偏舟　早暮中流

十一子屬金　合數

卅八十　或時進而或時退　進退無常人似醉

廿四十　際會集全　人安物阜

兄弟十人　中斷惜當群

父水母火妻是金　此刑合數

四十五十　十事謀為九事成　妻凤巴遍洛陽城

四十七十九　突難不生　出入消停

二百七十

母命属乾

註定

一 卅の三

紅日初昇氣象新

無邊宇宙盡光明

二

兄弟大人

仝父各母生

三 四十八丑

無端路遇一言公

携手相邀物色空

の

丑人有刑

再娶乙卯生

五 廿七

無休無息

衣食豐足

六

夫命甲寅生

數定

七 四十八丑

今日逢財不用憂

萬金堆至屋簷頭

八

父属犬

母属馬

九

二百八千

一 二 三 の 五 六 七 八 九

六千八十

夫妻全丁未
註定

夫妻全丙午
前定

明月照人行
高下色如銀

數有偏枯
子當帶疾

六千十二

廟門關上審張羅
便是神仙不易過

三妻屬金
註定

六千十九

終身福自招
得過溪山心自安

二百九十

父命癸丑生　　前定

一　七十八四　一隙〻光可借明　　隙光内爍風〻星

二　の十八八　淂子之喜

三

の　　夫大二十歲　　前定

五　七十の三　灯火焰〻多起　　吉凶隱〻難行藏

六　　四子屬犬　　合數

七　の十年八　生計淂安然　　多勞憂与煎

八　　夫妻仝壬戌　　數定

九　廿卅八　山溪之处路盤桓　　淂過溪山心自安

三百
零 一 二 三 の 五 六 七 八 九

卅九の千 長子屬乾 數定
八千の三 高低之處有推車 步步盤桓路已除
辛大卅 事無調理 千頭萬緒
の十六二 夫妻仝庚子 前定姻緣
灾消福長 烟波風捲
父屬申 母屬馬
忽有浮云能蔽日 長安不見使人愁
壬戌之年 名當高薦

三百一十

一 二 三 の 五 六 七 八 九

妻大二十四年　註定

徒弟五人　一人送老

[illegible]

陰氣既和　斯可以行

妻命甲寅生　數定

[illegible]

相案承決　子規啼血

既富且貴　惟难得子

母先去世　父後歸泉

一 二 三 四 五 六 七 八 九

兄弟四人　樂奏几般音

十二 霞霞花飛妻色滿　洛陽開謝逐時新

夫命癸丑生　註定

師命屬鬼　註定先天

卅四 數定得子

廿乙 天丙机會　事多祥瑞

父命甲申生　合數

三百三十

一二三の五六七八九

庚寅之年 名當高薦

專心向功名 功名遲必停

卅の三 不為之事強為同 枉費精神未有功

妻命辛巳生 前定姻緣

蠱病喪身 數定不免

廿八甲 當年此曲不堪听 听得新声别有音

一 二 三 の 五 六 七 八 九

五人有刑　再娶戊申生

五十六　天色陰寒正困人　梅花枝上震裏田
夫大十八年　註定
奉三家之祀　几當本宗

四十九　次第梅花暖裡開　流年喪服教中排
父命先亡母後亡　終天之恨実堪傷

五十二　妄憶林中之鳥　希當难得之物

三百五十

一 癸巳之年　名當高薦

二 粟陳貫朽妻無限　富比陶朱福自隆

三 妻命巳丑生　教中早定

の 五十八斗 燭影輝煌　高堂兩亞

五 良人有刑　再嫁乙巳生

六 翁命屬雞　數定

七

八 廿二 可憐白璧污塵厌　埋伏深山未有伸

九

三百六十

一 二 三 四 五 六 七 八 九

父母仝壬戌　前定

十乙　秋草青青　春風相識

四十四三　綺羅叢裡鬧春風　終日高歌樂意濃

甲辰之年　名當高薦

四十乙　到此數已極　春風無限別離情

四十乙　左則左兮右則右　左右無心神自佑

三百七十

一 翁命属犬 定数

二 数有偏枯 母當常疾

三 父属犬 母属雞

の の十乙 迍邅未可言 步步苦盤旋

五

六 の十〆〤 天宮自是安排定 淌列愁煩且自由

七 母命癸丑生 数定

八

九 廿八 中流遇風 幸得其逢

三百八十

一二三四五六七八九

卅　三

長子屬馬　數定

路走滔滔未可知　得人指引不須疑

父命丁亥生　前定

父屬蛇　母屬犬

夫妻全乙未　註定

命若蜉蝣　死在一週兩歲

三百九十

一 二 三 の 五 六 七 八 九

父屬犬　　母屬鬼

七十千九　數該得子

兄弟十五人　　同父各母生

の十千九　交差、、　　堂前綠竹恨生花

の十千四　雖有紅灯燭已爛　　長途暗裏覺艱難

卅の三　惟听有悲啼　　秋凬淚濕衣

四百零

一　の十早九　諸事相安勿他求　鬼神驅使福悠悠く

二　良人有刑　再嫁戊子生

三

の　卅八七　年く花事妻光好　花草今年開得早

五

六　不七く　數當得子

七　兄弟十二人　中斷惜离群

八　老誠持重　一生有福

九　十三の　早歲壽元促　徒增堂上悲

四百一

十 一 二 三 の 五 六 七 八 九

宰

廿の三

十八乂

実悔消除天賜福

玉人有刑

造化相臨

一峯一動

父土母水妻是火

翁先去世

午未兩科

平安有慶無拘束

再娶壬子生

妻凤三弄牡丹開

逑丰恩夢

合着此數

房大姑命壽元

会着連捷

四百二十

一 二 三 の 五 六 七 八 九

の十〤中 深水鱼游 踌躇自如

廿丶乙 难逃数绝在其年 弃子抛妻别一天

戊子之年 名當高荐

卅一乙 費尽祈与祷 数当绝处徒烦恼

廿の三 芍藥開時有好风 江城春色錦叢叢

廿〤中 春风逗来和氣 宇宙行看富麗

妻命屬土 数定

翁屬猪 註定

四百三十

一　母命癸巳生　前定

二　卅早九　他人身引是非來　暗算相看大費財

三

の　五十八七　寸腸無恋得寬舒　內外安然竞自如

五

六　長子属猴　前定

七　夫大三十九年　前定

八　父属馬　母属雞

九　卅早九　江村三月　遍処绿陰濃

四百四十

一　二　三　の　五　六　七　八　九

五十八又　當年損六親　哭声内外闻

卅九の十　一曲溪流波浪平　芙蓉相映可相亲

夫命戊子生　数定

七十八七　人在意中　遇之意外

妨命先亡　帰之不幸

卅八四　無意留謀事有成　一經着意即為真

六十八四　騰蛇盤結有憂疑　春去秋来尚有餘

四百五十

一 二 三 の 五 六 七 八 九

一 妻命庚戌生 前定

二 廿ス口 春光爛熳遍江城 日日追隨馬足塵

三 の十八乂 淂子之喜

の ロス 綠陰童子有灣兮 棲鳥驚飛樹葉風

五 父屬牛 母屬鷄

六 夫命屬火 註定

七 五十平九 一身無事福增榮 佳景良辰無不同

八 四子屬羊 註定

四百六十

一 二 三 四 五 六 七 八 九

一千八八乂　嗟觴何及去㧞戎　萬里関山一夢中

一千六二　桃花開在武陵溪　潯問漁郎指路迷

夫大三十五年　註定

炯塵撲面走長安　選潯郎官列宿看

七千九六千　室家和順　事事貞祥

一千又四　積凍消除日色融　堤边楊柳遇東風

四百七十

良人有刑　再婚辛亥生

一　四子乙　常鎖眉頭　歩月多憂

二　兄弟十一人　樂奏几般音

三

の

五　二十八丑　一番好雨度陽春　眼見江山物色新

六　五八有刑　再娶癸亥生

七　卅の三　流年破耗多　空憂聚散奈如何

八　夫大三十三年　數定

九　十八丑　物色正宜人　依依柳精青

四百八十

一 二 三 四 五 六 七 八 九

十二

江頭春色 蕩樹桂花几点開

辛巳之年 名當高薦

四十八〤

樓頭更鼓家無情 偏入愁人耳內聞

教有十子 得以送老

五十八日

坎震推車多費力 前有石頭後有棘

父屬犬 母屬猴

四百九十

一 二 三 の 五 六 七 八 九

十の三

平平九

の平八四

二子屬鼠　註定

父命辛酉生　數定

緩步周行　不必徬徨

夫大二十三年　前定

際会快人心　大開笑顏口

夫命屬龍　註定

求所不當求　空餘未了愁

二子屬牛　註定

## 五百零

一 破鏡不團圓　又抱琵琶过別船

二 父命戊戌生　數定

三 丁卯之年　得子

四 徒弟一人　得以送老

五 嵐有頭牛有尾　閑门避过東風雨　卅八丹

六 創立規模過不全　十年前後主人翁

七 喪门家無情　骨肉有相刑　辛卯九

八 吉立门庭喜氣揚　財源輻輳出尋常　卅八口

九 七子屬猪　合數

五百一十　五十二　數有九子　四子送老

一　脫其凡読　鳥声飃去

二　六十の三　鬼神陰忌　前往有恒

三　夫妻仝乙巳　前定

の　五十九 六十　福德未臨　陰陽淂氣

五　父属火母属土　合數

六　富有黄金比石崇　丘山到处化為铜

七　庚年之弁　淂子

八　父命逢迍　數当一旦喪青鋒

九　卅〤卄　淂子之喜

五百二十

一 二 三 の 五 六 七 八 九

五十八
青天隱隱有雷声
桃花紅兮李花白
昔意之外福自生
流年濤子併喪门

父屬牛
母屬羊

廿の三
神思困倦
昏沉未醒

六十八
牧羊田畦
進三退の

六十乙
惟有閤君家沒情
不分疎遠不分亲

九子屬鼠
數定

五百三十 廿八 却向空潭去釣魚 釣竿空把費躊躕
一 九子屬龍 合數
二 丙子之年 得子
三 四十八 洛陽三月遍春光 滿目繁華應接忙
四
五
六 數有六子 得以送老
七 廿七 福神當門 吉慶相尋
八 毋命乙巳生 前生早定
九 卅四三 斟酌再斟酌 事可無差錯

五百四十

一 のイ彡のり 淂子之喜 敕定

二 妻命居馬 淂子

三 甲戌之年 四子送老

の 真假九子 春光何處不相宜

五 卅ヌ 福有基 前已早定

六 夫妻仝壬辰 荷花初動水边風

七 廿九卅九 入夏未時綠陰濃 辣林月色坐蒲團

一捲殘經誦未完 官非消釋

八 卅ご 家室康寧

九 九子居兔 敕定

五百五十

一 卅八 危橋之下險难言 有藥难医命得全

二 父属猴 母属犬

三 四十四 任是秋风总不灵 数当绝处命以須

四 卅四三 須々炯光日巳昇 世边景色有江村

五 九子属牛 前定

六 七十乙 断而不断幸神扶 一線之連勿强留

七 母命甲寅生 数定先天

八 卅八 運有得失 路無常力

九 真假八子 五子送老

五百六十

一 二 三 の 五 六 七 八 九

辛亥之年　名當高薦

七十八四　病符來臨　祈禱未寧

玉人有刑　再娶辛酉生

の十八乂　雨滑走長途　狂風抓任傘

妻命屬乾　前定

六十の三　玉漏相催夜渡関　無端促我路艱难

貴人相傍可成家　先後開时有好花

三の　一朝風息已无波　坦蕩無驚過五湖

五百七十

一　二　三　四　五　六　七　八　九

十四三　桃源流水是天台　那得漁郎引入來

徒弟四人　得以送老

五十八口　風捲楊花滾繡球　棲花吹打白人頭

父屬虎　母屬鼠

卅四三　浮云飛过月生陰　精眼覓花依旧明

戊寅之年　得子

四十四三　淑水有餘欢　先甲後甲總相安

五百八十

數有九子　四子送老

一　巳卯之年　得子

二　數有八子　留以送老

三　庚辰之年　得子

四　父屬蛇　母屬犬

五　四千四三　不費精神自有成　運來相湊喜從心

六　良人有刑　再嫁壬子生

七　十二　晨雞唱曉　行人已渡南關了

八　父命丙午生　數定

九　廿八丹　造事有成　笑容初精

五百九十

一　二　三　の　五　六　七　八　九

甲寅之年　名当高薦

十大口　尋花問柳　及時行樂約相知

數有五子　得以送老

十廿八　明明白白　悵被他人引麻寒

夫妻仝乙亥　前定

の十大口　佈蜜濃雲雨欲收　雲時風倦日光浮

父居巾　母居羊

廿八　大耗死灾事不然　太陽相照得相安

廿大口　竹苞松茂　家門之慶

六百零

一 二 三 の 五 六 七 八 九

五千の彡 春意工眉梢

數有九子

当有四母之稱

廿八斗 天心不順

壬午之年

十七 福祿相照

夫大三十一年

五千八斗 山勢嵯峨未可行

主人有刑

東君又見招

八子送老

前定

未可圖謀

得子

事從人造

前定

斷橋阻絕過來人

再娶戊午生

六百一十

一 卅九 禍生接踵解神扶 事在危疑可進圖

二 數有六子 五子送老

三 四十二 外事絆纏内指摘 東風未及先消息

四 父屬牛 母屬猴

五 卅九 猛力前進 小有阻而愁悶

六 壽數當有七旬外 中间一缺數难逃

七 卅六 有得如不為 机会自相催

八 真假以子 得以送老

九 四十二 安步馳驅 春風環繞綠楊堤

十 兄弟八人 楚秦不同盟

六百二十

一　二　三　の　五　六　七　八　九

六十八七　卅八七　四十二　卅四三　十八四

妻当出家

总有黄金買不来
岐路久陰時
紅日三竿陰氣消
数有十二子
命内帯刑孤
精思退栄
弟死非命
緑竹蕭々嫩色叢

数定

数当絶處実哀哉
行人費所思
路当絶處有仙橋
八子送老
須傷第七夫
亦难消息
数中不幸
庭前拂々有陰濃

六百三十

一 二 三 の 五 六 七 八 九

五子属席　數定

辛の三
妄意山花似可採　高低多少属艱難

継属長生老　中年不聚財

父属羊　母属虎

の十二
突患時時脚有侵　幸而得個吉星臨

五十八戊
知心相托可休肩　不用憂煩向往年

鬼見出穴爍霜光　東君正好向行藏

六百四十

一 二 三 四 五 六 七 八 九

五十二
廿八
六十七
卅四三
七十年九
四十年九

父属羊
秋末無事可安排
二十七八母當亡
花事清明遍錦叢
乙酉之年
數盡將來不可逃
得子之喜
早起夜眠

母属龍
好向南山鋤草來
淚染麻衣痛斷腸
眼前無物不東風
得子
避鬼早已入黃泉
未有安閒

六百五十

一 二 三 四 五 六 七 八 九

卌九 五十二 四十四 五十八 四十八

父屬龍
念九三十母当终
忽有波涛沸若驚
戊子之年
一雲飛去一雲来
險阻之处有相倚
中秋月出
月孛当頭奈若何
母子兩乖离

母屬雞
要得相逢若夢中
舟人切莫往前行
得子
日影依稀閉不開
虽是顛連不用憂
得以意时節
相連尅子命刑孤
于情大不宜

首六十

一 十六 入于穀中 游于殼外

二 良人有刑 再婚乙卯生

三 徒弟二人 淂以送老

の 五八 天賜貞祥納慶多 花前月下淂高歌

五 毋命戊子生 數定

六 卅八 欲進不能前 反自見句連

七 八子屬猪 前定

八

九 十二 骨肉閡棄禍不窮 泪痕染处杜鵑紅

一百七十

| | | | |
|---|---|---|---|
| 一 | 卅八 | 夢見池塘芳草生 | 詩入得句貫長吟 |
| 二 | | 八子居羊 | 數定 |
| 三 | 一千二 | 洞府有長妻 | 幽然過絕塵 |
| 四 | | 鑿池養魚 | 会有变化 |
| 五 | | 良人有刑 | 再嫁辛丑生 |
| 六 | 四十八 | 鵲噪与鵓鳴 | 吉凶兩有覓 |
| 七 | | 兄弟十二人 | 樂奏已般音 |
| 八 | | | |
| 九 | | 真假十子 | 五子送老 |

六百八十

| | | | |
|---|---|---|---|
| 一 | | 父居乾 | 母居猪 |
| 二 | 卅九 の十 | 大小無不宜 | 春光正及時 |
| 三 | | 徒弟三人 | 得以送老 |
| の | | 辛卯之年 | 得子 |
| 五 | の十 ス廿 | 貽前須後 | 掙过無咎 |
| 六 | 五十二 | 葛藤斬尽自然通 | 先後前程適不同 |
| 七 | | 兄弟十三人 | 中断惜离群 |
| 八 | | 夫命居馬 | 敖定 |
| 九 | | 師命居龍 | 先天已定 |

二百九十

一 二 三 四 五 六 七 八 九

五千九十九 八子属犬　前定
牡丹開处足精神　錦繡裝成富貴春

四千九十九 如何復如何　前有山崗後有坡
身出填房　数中已定

五千四十三 犬魚得水　未慊所怀
甲午之年　得子

八千九十九 美东從前總是虚　今朝長別待何如

七百零

一 二 三 の 五 六 七 八 九

五十八七
彈得淒涼不忍聞
那堪弦斷更傷情

卅八七
妻風送入戶門來
和氣揚揚事得偕

父屬兔
母屬猴

八子屬雞
合數

廿卅九
知已相托
造事有功

良人有刑
再嫁巳亥生

十八七
喜而不喜
明月有盈虧

廿卅九
憂切關心事不幽
其年喪父披麻現

七百一十

一 二 三 の 五 六 七 八 九

數中屬鬼者 不是親生子

巳亥之年 得子

九十八 四
享福安寧得自然 何須多事學神仙

數有八子 六子送老

卅四十 九
吉凶既自明 何須造次行

凶中有吉不須言 花再開時月再圓

戊戌之年 得子

卅二
小盈大虧 得少失多

七百二十

一 父屬龍 母屬猴

二 母命丙寅生 前定

三 卄〤 瑞氣吉為祥 门庭慶有常

の 八子屬猴 合數

五 〢乙 當納貞祥可自如 庭前卅色正淒淒

六 の〤〤 火燒牛角 事有可憂

七 〢石 有餘不足自然安 人事淺容勝往年

八 〢の三 壽數已終 以此而已

九 母命乙卯生 前定

七百三十

一　二　三　の　五　六　七　八　九

二十一二　我有絲綸空羨魚　躊躇貴事却成虛
父命壬寅生　前定
五十卆九　總有强人肆跳梁　坐當福地得安康
五入　楊柳烟多不可扶　小橋曲柳得相依
炉中分造化　針鐵作生涯
五十入日　無定今有定　走向前徒向捷經
の十入日　走過泥沙多少灘　將來穩步渡關山

七百四十

| 一 | 二 | 三 | の | 五 | 六 | 七 | 八 | 九 |
| --- | --- | --- | --- | --- | --- | --- | --- | --- |
| 廿の三 | 五ス口 | 廿二 | | 廿の九 | 十廿九 | | 十ス午 | |
| 吉星高照 | 山高水又深 | 三月春光拂牡丹 | 壬寅之年 | 凤夜雪月人情重 | 花正開時風色低 | 徒弟の人 | 初陽出林外 | 九子居馬 |
| 當年大笑 | 行人到此正迷魂 | 華然開遍一句攔 | 得子 | 揮洒空錢却似泥 | 寒寒落落得堅牢 | 得以送老 | 曙色照華堂 | 合教 |

七百五十　　　　　　父居犬　　　　　　母居羊

一　〇十八七　有意得来無意失　　美来得失空劳力

二

三　廿一　禍深福淺　　　　画曜相將

の

五　卅八四　牽動有常　　　　未至猎虬

六　　　　良人有刑　　　　再遇丙午生

七　〇十二　崇微晋出　　　　行見趣廷之賀

八　九十　流年不幸有刑傷　　酒向西風淚几行

九　〇十三〇　連年啾唧　　　　不識清明空食

七百六十

一　二　三　の　五　六　七　八　九

卅メ口　事有未合

酉戌之年

卅の三　掙過崎嶇

夫命爲猴

廿卅九　楊眉吐氣

乙巳之年

卅の三　切以風光比去年

会看連捷

等待消息

前路盤桓不一般

合數

縱橫如意

浮子

去年不比是今年

| | | | |
|---|---|---|---|
| 七百七十 | の千の三 | 乘風破浪 | 氣意揚〻 |
| 一 | | 玉人有刑 | 再娶庚申生 |
| 二 | | 兄弟七人 | 同父各母生 |
| 三 | の十二 | 明光普照 | 主賓長美 |
| の | | 徒弟五人 | 得以送老 |
| 五 | 卅八〤 | 欢樂無極 | 毫不費力 |
| 六 | 七十二 | 風吹灯光暗又明 | 搖〻無定影縱横 |
| 七 | | 数有四子 | 送老只三 |
| 八 | 五千の三 | 黄堂左右随人 | 勃然大發 |
| 九 | | 父属馬 | 母属鬼 |

七百八十　艮人有刑　再娶丙戌生

一　廿三四　大運分明就緒來　祗因人事浮徘徊

二　夫妻全壬子　數定姻緣

三　四十一二　問名兼與利　兩事均未遂

四　四十三四　一貼消涼藥　煩熱多消卻

五

六

七　父屬犬　母屬龍

八　卅四八　錦繡紅粧簇簇新　高堂燭熳足榮華

九　五十三四　流年刑骨肉　有哭泣之悲

七百九十

一 二 三 四 五 六 七 八 九

四千四亡 王友告匱 人情如醉

九子属猪 數定

五千八 東边绕得弥縫 西边頃側相沖

玉人有刑 再娶壬戌生

六千二 通其淤塞 川流不息

四千七百 此年得子 喜上眉尖

兄弟十二人 全父各母生

八百零

一 二 三 の 五 六 七 八 九

一千八廿
中心搖ゝ　忙無歸着
母命乙未生　前定

一千八口
莫謙禍有胎　只因人事有徘徊
玉人有刑　再娶丁巳生

四千八七
扠竿東海數年勞　一旦無心釣巨鼇

一千千九
高墻外有窺　重门深鎖仍耗財
父属兔　母属蛇

八百一十

十 五十二 天氣寒冷漸逼人 只因高閣最相親

一 戊申之年 淂子

二 卅九四十 時逢大有 內外吉慶

三 十の三 月到中天夜夜圓 雲生霧障恨無端

の 廿一二 運限未逢時 進退有憂疑

五

〤 卅九の十 徬徨多日恨東君 消息依稀未淂音

七 良人有刑 再嫁丁酉生

八 十入廿 芳草拂春風 庭前嫩綠叢

九

八百二十

一 の十二 数當絶處 萬事总成空
二 廿の 楊柳風前最可人 迷霧烟雨損柔枝
七十の三 應當得子
三 廿八 卄堂容易 事有克濟
の 六子居鷄 数定
五 廿九 循分而動 動莫不妥
六 良人有刑 再逢甲寅生
七 十八 新笋園中已破苔 枝稍拂拂掃樓台
八
九 七十二 日日開懷喜笑容 有死人事得相從

八百三十 卅二 去日無多來日多 壯年及早作良圖

一 卅八七 猛風江上片帆開 雲影飛蓬顛倒回

二 當有八母之称 前定

三 徒弟六人 得以送老

四 卅八七 托個知心反被猜 其年勾引是非來

五 数中焉配者 不是親生子

六 四十八七 大小無常 福從人造

七 夫大三十六年 前定

八 卅二 双眉開展 運之相持

九 七十三 紅鸞照命 應該得子

八百四十

| | | | |
|---|---|---|---|
| 一 | の十早九 | 鷄撲其河 | 前程事可誇 |
| 二 | 十の三 | 富貴千鍾作錦青 | 煥然五色遍長安 |
| 三 | | 父木母水妻火生 | 量天尺上对来真 |
| の | 七十年九 | 晚色五雲高 | 華誕棊壽桃 |
| 五 | | | |
| 六 | 廿二 | 運際事非常 | 春光到处香 |
| 七 | | 数有十一子 | 六子送老 |
| 八 | の十二 | 解悲腸之结 | 春風吹柳絮 |
| 九 | 五十の三 | 到此数已停 | 老天早已安排定 |

八百五十

一 二 三 の 五 六 七 八 九

十九廿
頻頻遇吉祥　小限不如常

の十の三
僕浸如雲富可誇　春風吹拂牡丹花

父命庚申生　数定

五十二
撇之不得去之难　削棘絆罗衫

本身出家　前定

父属牛　母属猪

卅二
肥馬輕裘　富足無憂

# 八百六十

一 二 四 の 五 六 七 八 九

廿六四 和氣叶貞祥 家丁慶有常

乙卯之年 淂子

五千六七 原來真藥真鋪多 禍患無侵事可圖

千千九 輕舟不量有波濤 眼見狂風夜夜號

十六七 小樹凋零奈若何 只餘顛倒泪滂沱

父屬兔 母屬猪

一千四三 巴淂高高上一重 会看錦色不相同

兄弟金土生 此刻方准

八百七十

十 の十八Ч 福曜正當年 腰纏千萬錢

一 辛未之年 名高先唱

二 十九 廿九 静中有動 好花風送

三 兄弟十人 樂奏几般音

の 七十八 凶自凶兮 吉凶何必分明說

五 十二 萱艸有刑傷 十一二歲印當亡

六 四十九 挑灯增油 昏之又明

七

八 の十三 の 財源有損主非灾 陰鬼相欺伏禍胎

九 夫妻仝甲寅 數定

八百八十

一　玉人有刑　再娶癸丑生

五十の三

二　相逢有喜顏　人在杏花天

の十ス斗

三　若遠若近　依稀行往

の　夫妻仝庚戌　前定

十の三

五　今日天晴見太陽　吉神相與福星臨

六　父屬猴　母屬羊

五十二

七　時乎順而時乎逆　順逆难期料不出

八　數逢十九二十歲　父命必先傾

五十卆九

九　遠人却有寄來書　明說今年事有餘

八百九十 一 二 三 の 五 六 七 八 九

五子居兜　數定

卄四　勉力支持一里程　故人相見話其真

數逢十一二　桂樹已傾頹

卅八　時乖事事差　風色落梅花

の卅八　疑假疑真最恨人　終朝躑躅渾風塵

丁巳之年　浮子

の十二　不足時有　料难遂意

數有九子　七子送老

九百零

父命已亥生　數定

一　五十八　妻凩和凼　物饒生趣

二　五十九　暮誦朝吟　唱和昇平之曲

三

の　卅八　秋雲不雨日色陰　大小無端晦自侵

五　夫妻金辛巳　前定

六　卅九　凶神挺刄　小心在意

七　父属猴　母属猪

八　廿二　苦吟日夜費精神　一精機関運自亨

九　喪服相干尅老棲　十五大歲定刑傷

九百一十

一　廿〤　歌舞春風　樂意相從

二　數中屬羊者　不是親生子

三　〡十〤　浮子之喜

の

五　九子屬猴　數定

六　卅〩十　憂煩既轉為歡樂　夢境昏迷今始覺

七　夫妻全壬申　數中前定

八　廿〤　際会其年　事多就緒

九　の十〤　物聚有常　怡然自樂

九百二十
十 一 二 三 四 五 六 七 八 九

七八 孝服交加
十九 廿九 消磨十五
父屬馬
卅四 卌四 是非縱有外來夕夕
四十二 此日福星臨
兄弟十人
五十 五十九 惆悵復惆悵

狂風驟雨打梨花
克復十九
母屬蛇
蒂固根深奈若何
不比當年晦及身
各母所生
將來運轉人無憂

九百三十

| | | | |
|---|---|---|---|
| 一 | | 徒弟一人 | 送汝帰西 |
| 二 | 五十九卒 | 黄昏不动 | 旅人歧路苦為情 |
| 三 | の十九卒 | 大運循環 | 春風送暖 |
| 四 | 十三の | 喪服相侵蒐萱堂 | 十三の歩定刑傷 |
| 五 | の十二 | 留連客邸雨淹沉 | 待得晴明趁早行 |
| 六 | | 已未之年 | 得子 |
| 七 | 廿三の | 吉曜相扶 | 人情和暢 |
| 八 | | 良人有刑 | 再婚丁巳生 |
| 九 | | 兄弟十人 | 秦楚不同盟 |

九百四十

一　長子屬牛　前定

二

三　辛酉之年　得子

の　辛卯九　曲〻山崗路已通　人家掩映鳥声中

五　夫妻仝癸酉　前定

六　妻当活需　緣舊不相宜

七　父屬牛　母屬犬

八　の十入午　無端百舌鬧枝頭　喚醒春眠人倚樓

九　十入午　早見有刑　十五六歲喪萱堂

九百五十

一 十卄九 事得其偶 身当奔走

二 真假五子 四子送老

三 卅卄又口 翠幙遮天 習习風猶未定

の 廿二ご 穷途寂寞之中 遇着有情之友

五 の十の七三 年末事業慢追求 聚散交加不用憂

六 十十又口 楊花似白毡 鋪遍在庭前

七 父命庚戌生 數定

八 卄卅九 金錢遍地花開好 無限光陰有客来

九 九子屬犬 數定

九百六十

九子居鷄
數定

一 廿三の
藕斷絲連
事有然而未然

二
良人有刑
再嫁乙丑生

三 九十
朦朦朧朧
山色有無中

の
父居兎
母居羊

五 の廿三の
物得其情事得理
春風会見生桃李

六 廿四
可惜命乖
早年喪夫

七
數有八子
四子送老

八 十八
北堂萱草被霜欺
十七八歲有防

九

九百七十

一 二 三 の 五 六 七 八 九

九子居羊
數定

千里姻緣容易授
豈知一旦会鳶筹

五十の彡
淂子之喜

十の彡
曉烟凝彩映華堂
錦繡輝煌福有常

數有九子
五子送老

推到祿官數已極
一品公侯貴無敵

十九二十運乖違
萱艸經霜命已危

母命丙辰生
數定先天

九百八十

一 二 三 四 五 六 七 八 九

九子居乾　數定

卅四三　年來得失恨無憑　十事謀來九未成

五千六十九　天色高低密佈云　半疑陰雨半疑晴

五千六十四　危疾得子

卅四三　黃犢之柔最無情　牽惹幽神事不寧

長子居巽　數定

兄弟七人　樂奏几般音

九百九十

一 艮人有刑 再嫁丙辰生

二 廿九 卅九 順逆难尽知 湊合貴犄獅

三 父居馬 母居猪

の 卅八七 數定得子 財利得之意外

五 五十 四十 氣運高强

六 夫大二十七年 前定

七 卅四三 金禍金殃福自然 春風顛倒好死前

八 五十二 十二 氣運相逢 財源遂意

九 六十 八七 枯枝得氣復開花 錦綉鋪張賽晚霞

# 巽數

七千

| | | | |
|---|---|---|---|
| 零 | | 玉堂金馬 | 仙品無双 |
| 一 | 七千の三 | 探入虎穴 | 終得席子 |
| 二 | 早千ス日 | 利見大人 | 賜我世祿 |
| 三 | | 毋命丁酉生 | 前定 |
| 四 | 卅一こ | 上林花吐千家錦 | 粧閣梅開萬樹華 |
| 五 | | 夫以十二年 | 定數 |
| 六 | 卅三の | 只道子規啼了 | 誰知在隔林喧 |
| 七 | | | |
| 八 | の千八〇 | 越国有鳥飛過楚 | 忌然無事也関心 |
| 九 | | | |

一千

一 二 三 の 五 六 七 八 九

卅九 の十 登高切莫頻回首 只想天南有白雲

二十 卅九 東方既白 紅日在東昇

十〤口 雷声震動里 凬急雨淋漓

父亡丙丁年 命數

兄弟十三人 樂奏几般音

の十二 一節打通名利塞 劍光直射斗牛宮

妻大十九年 前定

子死非命 數中已定

雁行五位 巨數天然

二十
一 二 三 の 五 六 七 八 九

二十の三
十の三

花色不紅因久雨 月華都為白雲遮
數訣浮子
老椿先被風吹折 白地淒凉奈若何
夫小十一年 數定
能調爽味珍羞美 善治辛香希饌鮮
孔懷緣淺 孤鴻遷遷過南樓
毋命丙子生 先天已定
三子屬鼠 前定

三十

一 二 三 四 五 六 七 八 九

桃花帶煞　必主多情

串簷風雨楊花舞　穩是平生在晚年

四十八乂　驥本絕塵未遇孫陽　一遇秋風名傳天下

八十二　澗畔長松　偏耐雪風

四十乂口　花紅葉茂　更逢春色增妍

二十廿几　中天日色　無限江山氣象

三十乂口　謀事克諧　福自天來

一二三の五六七八九

十ス口　六十半十九　の十一二

御酒先嘗　三百名中第一人

月明尚被雲遮掩　樹靜還愁風未寧

風掃將雲去　明月正光輝

福星未臨出　菱花絶点塵

太子居庯　數定

望桂蟾宮遠　求珠海水深

托基之厚　可與守成

五十

一 二 三 の 五 六 七 八 九

の十〤四 弦斷再續 定是兩度姻緣

吉星拱照 華閣呈祥

の十九四十一 鵾鵬展翅 秋風九萬程

入贅成婚承異姓 數中前定已先知

數內此命當承繼 要得佳人是過房

其人口快 心腸冢血

四十四十九 陽氣方外昧未明 潛龍勿用有憂容

十八〤 陽谷春光 萬物生輝

六十

一　二　三　の　五　〳　七　八　九

十子居火　准數
休嗟平生榮辱事　晚年風流逸興高
四子居甬　前定
六十八七
淂子
毋命丁丑生　前定
二十の七
寐寞花陰听曉鐘　衾寒枕冷度時光
洞房無鎖鑰　端的一閑人
の十八十
五利四福　黍積盈倉

七十

一 黃金化作塵 中運受艱辛

二 四十二 麟鳳呈祥 月下文吟

三 二十八七 天福吉昌 頤得安寧

四 十一子屬木 合數

五 三十八七 千里之財 自然而得

六 六十九 七十九 風吹雲散月光明 枯木花開滿戶庭

七 二十一二 得吉宜逢貴 如龍已出淵

八 六十八 七十八 前程後得 明月重開

九 勿以生女相嫌 數中原來無子

八十

一 二 三 四 五 六 七 八 九

我身本是重名女 嫁得夫君二姓郎

亲生之子皆成双 别姓之人可送终

行藏不是小規模 自有秋風折桂花

妻小十二年 數定

卅八七
已出塵泥迹 声名利四方

卅四三
自朝至暮 漸將饒富

廿八七
墨卷潛修 朱衣点頭

九十

一 二 三 の 五 六 七 八 九

桑梓青松栢成林 経營之業晚堪誇

の非 堆金積穀 更多珠玉

の十二 鸞鏡生塵暗裡多 要明須是再重磨

の十〆五 龍見于田 身應乎上

一松獨秀挺然生 別無枝梗葉凋零

廿二 工苑之花 閒遇春風

一百零

一 二 三 の 五 六 七 八 九

二千八乂

雲色轻清 景物晴明

夫小九年 数定姻缘

父命丙子生 前定

卅乂日

魚竿謾道綸弱 鈎得金鳞已上鈎

閨门深似海 過不染塵埃

三千の三

步履無妨 先憂後昌

の千の三

灼灼杏花紅十里 皇都春色好風光

一百一十

一 二 三 の 五 六 七 八 九

卅の三 莫道西湖好 亦有崎嶇路

の十六十 允利久福 神謀鬼辱

十八七 憂且不成憂 憂裡暖盈眉

卅八七 寒梅澗壑鳥爭啄 鶯鶻打下風前逼

の十の十九 事重關鎖 進退未可

の十の十九 似醉還非醒 沉沉迷惘時

百二十

一 早の三 濃霜遭夜西洌 苦壓一枝萱

二 聘妻未識其面 先已西去

三 二十卅九 花開遭雨洗 月上被雲迷

の 卅の三 轟雷風急莫行舟 躍馬澶溪列豫州

五 卅八 有意花須謝 無心柳作陰

六 早の三 天霽彩云成 花繁蔭影多

七

八

九 二十卅九 茅芦爭掃無塵跡 蘭蕙清風共自遠

一百三十

一二三四五六七八九

操持中饋　相夫而相子

四千八七　霹靂一聲雷雨至　龍飛鳳舞降貞祥

二千八四　花開正是陽和月　只恐天寒風雨多

五千八七　如入寶山　湧出資財

五千八七　燕子呢喃　秋巢重引子

卅八四　運有否泰　月有朦朧

一百四十

一 次妻属土 合數

二 閨德雍雍 家門迪吉

三 夫小四年 緣定

四 十九 廿九 春風滿面 偏舟正好行

五

六 妻大二年 准數

七 五十三 莫相際会 正直好春時候

八 十八 淂子之喜

九 七十二 今朝撒手歸塵網 長嘯一声歸白雲

一百五十

一 二 三 の 五 六 七 八 九

美貌佳人 粧奩未有隨嫁

六十七 南柯夢入華胥国 人憶英雄談話中

妻命属犬 數定

四十八 鬖羅纏樹覓微笑 浮云掩日待時来

父火母至妻属水 合着此數

妻小十一年 註定

桂子飄零兮 云深雁独飛

四十八 上下皆同調 風云際会時

一百六十

一 二 三 四 五 六 七 八 九

十六七

廿八

卅四三

妻命庚辰生

坤人乏姊妹

終日花街走

花開遭雨打

老樹已作遊仙夢

姑命屬羊

游魂渺渺歸何处

註定先天

深閨独綉足堪誇

常隨几個朋

月缺被云遮

抱恨終天數不虛

定數

遺業將来付後人

百七十　一　二　三　の　五　六　七　八　九

卅 卅八　中饋已亡　憂悶自傷

卅 卅九　兩水初收日色紅　梅花香裡送春風

廿 卅八　知進当知退　居安且慮危

三雁高飛成品字　數声嘹嚦过南樓

廿 廿四　小春梅蕊綻　暖閣新粧燦

卅十 卅三　画蛇添足　官訟羈身

一百八十

一　二　三　の　五　六　七　八　九

二十八四　宻蜂飛過蜘蛛網　虽不傷身有一驚

二十の三　傷心草色連天白　一曲琴声鳳憶凰

三十八㐅　不道流年尚未逢　三春花柳遇三冬

鴛鴦重疊　花落又花新

三十八㐅　安靜宜無咎　思求便有灾

の十二　丹桂飄香月正華　鹿鳴宴上獨簪花

十の三　淺〻梨花月　飄〻柳絮風

一百九十　の子九　莫愁眼下事遲遲　借力輕輕轉運時

一　口十三の　卅色連天白　殘花滿地愁

二　身出偏房　數中已定

三　飄飄金風吹玉露　一雙雁宿蓼花汀

の　卅又口　日望滄江　雙流止渺茫

五

六　の子九　一番思慮一番憂　欲得休時未得休

七　大子居胤　前定

八

九　生子多未留得少　存個明珠無價寶

二百零

一　二　三　の　五　六　七　八　九

の十八　陰晴有不分　心中事不明

卅の三　好花開得錦叢叢　日煖晴和樂意濃

結成詩書器　八卦未能知

妻小十年　註定姻緣

廿の三　春深顏色好　桃李滿皇都

毋命戊寅生　前定

ロ十ロ十ス　大數未能延　歸西別有天

二百一十

一　口十の三　東裝西去　不復回歸

二　夫小五年　合數

三　の六十八　筆陣僞蛟龍　騰云上九重

の　事業經綸　利濟蒼生

五　早歲顛連　中期安享

六　姻緣非一度　佳期重又重

七　二子送老　不亞徐卿之後

八　の十九口十　華岳星辰動　海棠帶雨飛

九　結髮夫妻金水局　再娶猴屬正相宜

## 二百二十

一 二 三 の 五 六 七 八 九

父水母金妻土生　此刹生人刹寂真

父命丁丑生　註定

五千卆九　皇都春暖風和日　業閣腰金奏九重

二千卅九　作善有餘慶　不善有餘殃

卅八口　泪流粉面花含雨　塵染蛾眉柳帶烟

廿千卅九　僧公說法　奇石點頭

二百三十

一 二 三 の 五 六 七 八 九

卅の三 淺水藏魚　未遂悠遊性

の十十九 日坐焚香靜　身心兩自安

卅の十九 時逢暖日景和平　人物光華地澤靈

牛女星未渡　銀河波浪生

紫金開五葉　田氏後庭花

休嗟眼下凄涼日　晚景榮華氣象高

卅の三 閑中福祉　納慶有餘

二百四十

一 二 三 ○ 五 六 七 八 九

五十八　木年分兄結髮妻　居龍再配正相宜
花色薰人面　東風吹短衣

卅の三　運限當亨　輻湊黃金
六十の三　子規啼散三更月　一夢南柯去不還
十六　哀哉哀哉　北堂萱草早沉埋

生未未識佳人面　死後無人哭青天
四十の三　日出祥雲簇錦霞　圖畫江山百萬家
五十八　劝君休放舟　風浪湿江頭

二百五十

一 二 三 四 五 六 七 八 九

亲情只作三更夢　骨肉如同一片氷

若欲问名　不如问利

卅九

自恐無不愁　不向也成功

两朵奇花内苑鲜　一双姊妹並頭連

木歲忌亡父　逢金母别离

卅九 四十

千里江山千里雲　轉身挑未太陽外

小運交四八　中年福更奇

二百八十

一二三の五六七八九

六十二

妻小九年　前定

妻命乙酉生　前定

生來未識妻　到老無兒女

乍敬乍合　浮云過月

夫小八年　前定

兎卿書到黄金屋　萬里鵬程羽翅忙

夫妻仝丁酉　註定

二百七十

一　二　三　の　五　六　七　八　九

離祖成家　半世未能安

の千九　貢金有餘　光風霽月

卅二　樂庭變憂煎　快心原不足

二六之年　刑傷戾父

卅八　恩澤從天降　風云際會時

卅九の千　秋月与春花　光輝景色華

口千の三　惟恵日長花正開　誰知風急又云生

父命辛丑生　数定

二百八十

一二三の五六七八九

五十〤〥　風捲荷珠　去而復聚

の十〣　好風一夜送扁舟　倏忽征帆達水流

卅〤〥　三春花柳　却被晚風吹

妻宮大小能偕老　子息遲招方免刑

の十〥十九　轄雷凍散後　利物總安康

佛向西天叩　清閒便是仙

二百九十

一 二 三 四 五 六 七 八 九

十二子屬火

五千〥〇〤 扁舟一葉鴻毛小

廿八〤 山野草烟青

四千〥〇 金榭書名多得意

卅二 風生浪不靜

若問前程通達事

金枝玉葉

合數

吩咐舟人找舵牢

桃林午日紅

天恩雨露九霄來

未易試洪濤

夕陽影裏採仙桃

前定之數

三百零

一 二 三 四 五 六 七 八 九

卅二

十四子属木

三枝姊妹花

幼年運限甚樂

掃開雲里烟霞

母命壬申生

花開庭院多枝榮

令數

一紅一白一含芽

後運交來福貴奇

放出蟾光皎月

數定

後長新芽有若多

三百壹拾

一　二　三　四　五　六　七　八　九

四雁同行　吳越蕭湘

五十四三　凮吹雲散月　枯木花開滿戶庭

四十一二　楊柳被烟迷　愁情心事牽

卅石四　緯〻利元亨　西南慶自生

全憑陰德存終始　竹伴松間栢子孫

命犯刑妻十一離　正逢席嘯再相宜

三百二十

一 二 三 の 五 六 七 八 九

の十二 流年鵪鶉並噪 根吉談亟誰是

母命辛丑生 註定

三十二 雪壓関山慘不堪 朔風吹得白人頭

兄弟四人 孜定

の十三の 古鏡重磨 事始安然

淺水藏頭屈未伸 氷心豈肯降凡鱗

日十九日十 風促月輪帰海島 云迷日色入山林

三百三十

一二三四五六七八九

父土母金妻是木　方合此數

不爲天下奇男子　定做人間美丈夫

妻小八年　註定

五十六九　上天重佑　吉慶相扶

數到秋季　有阻

二十四三　桃夭色嫩　和風麗日錦叢叢

六十四三　魚蝦北海過　海水变桑田

一 二 三 の 五 六 七 八 九

六十 廿九

十九 廿九

の十 の三

一二

嬌姿空長茅屋下，雖得陽和雨露恩。
滿堂半子送天連年，嬌娃膝下少班斕。
七十古稀君尚欠，如何憶却採菱歌。
芝蘭正秀忽淒二，風雨淋漓春色稀。
命逢淹蹇，運未亨通。
虽不知憂，孝服焉能得免。
延过三十六，再向妻与子。
輪墨秋來滿腹文章，少年窗下失後榮昌。

| 三百五十 | | | |
|---|---|---|---|
| 一 | | 麟子是奇生 | 天宮發貴人 |
| 二 | 二十九 卅 | 自是清明好天氣 | 一番雨過倍精神 |
| 三 | | 巧雲西北起 | 三雁嶺南飛 |
| の | 五十 の三 | 其年當有災 | 禍患恐飛來 |
| 五 | | 溫存慈善 | 凡庶無怨 |
| 六 | | 早年秋夜雲遮月 | 財如深春累遇風 |
| 七 | 十 の三 | 金粟流出花後來 | 蕙蘭吐秀被風殘 |
| 八 | 二十 六日 | 進步晦星多不足 | 危前奇後有春風 |
| 九 | 二十、 、、 | 喜事和同 | 行當順境 |

三百六千

一　二　三　の　五　六　七　八　九

六十八乂　自牖着天心　咫尺天颜近

廿の三　占烛当凤　愈流红泪

夫山三年　前定

四十九　一登平地稳　従此少凤波

登淵採珠入山尋玉　始歷艰辛终成厚禄

性氣温和　口不言而心覔

の十久卅　冲天鵰雀　一飛千里迥然高

三百七十

一 二 三 の 五 六 七 八 九

五十ス中　三十八七　五十ス口　卅二

玉人有刑　再娶乙丑生

枝籠烟霧曉菲微　花朵芬芳寒色稀

青龍鮮光照　喜事重重到

前樹桃李成溪　白白紅紅顏色鮮

一朵灯花報喜來　好携云雨到陽台

若欲求男並間女　全憑陰德列好施為

以納粟而成名　得後人之繼述

三百八十

一　二　三　の　五　六　七　八　九

二十冊　二十八　六十八　二十八

青龍得位
柳媚花妍
晚年枝桂庭前茂
一年兩逢湯餅会
家是後因梔李異
十五子属金
困窮無奈
父木母水妻火生

喜事重重
正是好春時候
几許煌煌焰玉堂
双双捧出掌中珠
玉堂金馬在居頭
合数
雄才未肯賣金刀
此刻生人对得真

三百九十

一 二 三 四 五 六 七 八 九

一　四十二　福合神謀　化小而成大

三　二十八　欢娱只怪春宵短　一夢南柯去不来

六　十四三　樹得根深　不怕當年風雨

七　五十四三　凡事宜求緩　莫方目下憂

八　五十四三　半夜風云掩月明　五更云散滿天星

九　五十乂口　年来心事不安寧　將来亦有好光華

一二三の五六七八九

四十の三

伴侶遠隨云憂去
命與僧道相同
皇恩世襲

身居內苑

卅の三

寵握普施人物阜

卅二

黃昏月裡猿聲切
喜事重〻進

富人愁上洞庭舡
世事豈非天數
帝室宗直
掌握皇宮
人間有口誦昇平
微雨沾衣暗裡愁
洞房花燭新

四百一十

一 七十八 安然有慶 福祿綿綿

二 卅八 搖搖不動風敲竹 懨懨世顏雨打花

三 の十八 楊花如雪 三年泣血守庭幃

の 玉人有刑 再娶乙巳生

五 二十二 名花景在愁中過 枉却東風燕子飛

六

七 清風酒一壺 海內光華遍

八 命在出繼 數中早定

九 の十の 命有紅鸞照 財喜得雙全

四百二十

一 二 三 の 五 六 七 八 九

紫綬金章舞蹈名揚　天香滿袖画棟雕梁

の千八ㄨ　吉人相助力　何事不光亨

五千 千九　惆悵既多　劫神相併
妻山七年　註定

十の三　花外鳥声啼　春田艸色萋

六千三　與脫其輻　未能長驅

四百三十

一 削髮做尼姑 當年沒奈何

二 桑有寄生虫有螟蛉 誰人種德晚有徐卿

三

の 誰是知心友 明月清風是伴侶

五 鑿井得泉 先勞后逸

六 数完 事畢

七 卅八 一片山寄語 須防反覆时

八 六十二 相逢大歡 子規啼落凄涼月

九

四百四十

忽達惟心淨土　了然本性彌陀

一　の六十　驥奔絕塵向無知己　幸遇孫楊扉呻龍吟

二

三　十九廿　旭日出林　萬里山河物色新

の　財源無思滾滾不息　桑榆暮景田連阡陌

五　夫小六年　數定

六　二十二　云淡月明　花開雨晴

七　夫招側室方偕老　子當晚得遇奇芳

八　卅九の十　高樓與大立庭庭前村　巴得前村又移村

九　ロス　渡過危橋　百憂皆消

四百五十

一　二　三　の　五　六　七　八　九

勞心过早福未遲　巧中成拙是还非
招得金水子　合数
廿一乙　蝴蝶飛天上　尋花到上苑
廿一乙　喜鵲連声噪　家丁必定添
玉人有刑　再娶乙未生
十一乙　月下瓊花顏可看　日边红杏影还踪
十、乙　紅蓮初出水　青草怕飛霜
命帶孤神　剃髮修行不二人

四百六十

一 二 三 の 五 六 七 八 九

廿の三

四十一乙

六十七十九

四十八七

六十七十九

十八七

七十一乙

玉人有刑 再娶辛未生

庭前喜鵲報 戶內又添丁

秋風昨夜悲号 萱草巳折

佛向西方叩 清閑大壽人

深夜獨生死 光搖透綠紗

瑞雪芳郊外 憂心寂寂時

枝頭花蕊報而長 識得清風景色佳

有極当光照我身 此身已幸古稀寒

四百七十

一 二 三 の 五 六 七 八 九

玉人有刑　再娶庚辰生

吴唱天星落　回顾韩妻时

十廿九　蛟龍潛伏待雷声　地氣初升造化功

卅八七　長江風急捲波濤　半喜孤舟繫得牢

平の三　蹇过運逆通　否极终成泰

卅六四　庭前有月　何日登樓

四百八十

一 二 三 の 五 六 七 八 九

出胎便有耗星臨　半世辛勤只是貧

卅の三　黍稷盈倉　金玉滿堂

乎十九千十　陽氣復來先報喜　雪窗欢暖賞紅梅

廿の三　海棠三月雨　雨洗胭脂臉

手持刀尺步諸方　線去針來日夜忙

乎十八乂　瑞氣靄金爐　神功造化扶

四百九十

一 二 三 四 五 六 七 八 九

二子送帰　両朶名花玉樹開

軽財好義　四海春風

卯八　前程多利坦　明月照瑤池

妻小大年　前定

財帛豐盈　托基之厚

十卯　凶中化吉　損中助益

一二　白露結珠花　東方太陽華

卯八　朱衣臨日月　終日嗟呵呵

扁鵲名医　大方國手

五百零　梵音清俗耳　貝葉斷紅塵
一　十の三　人生最苦是刑傷　此日與君別出塵
二　小運三七　中年福更奇
三　の十の三　慱奕飲酒全無分　日夜焚香念佛緣
の　分有嫡母　生我庶母
五　卅二　一發馬前人事好　凡多風雨走魚磯
六　の十九　綉針為鐵柱　江海暗中良
七　廿の三　馬到有風宜守望　不防順處不好危
八　の十の三　一点陽春去復來　前途堪進勿徘徊
九　卅八七　鼓盆之变　数未能免

五百一

十　前居馬　後居龍

一　土木偏人伴我黄昏　必逢柏葉朗誦黄庭

二　三子居金　合數

三　五十八七　好運當興　丑出荆山色皎明

四　二十卅八　理直得子

五　變格秋夜眞堪羨（奔波命所误）　酌酒高歌對落暉

六　二十卅九　彩云秋夜眞堪羨　遇而不遇再安能

七　二十一二　履道平平　無党無傾

八　華蓋相逢必出家　晨撞暮鼓數無差

九

五百二十

一　二　三　の　五　大　七　八　九

の十の三　欲作遊春計　乾坤雲霧迷

二十一二　數逢廿一二　母氏見傾危

乂十一二　溫水松柏常茂不落　鸞凰所棲得其歡悅

口十の三　鏡破復圓　光明不滅

翁為馬　狐屬乾

三十一二　福祉以康　無日不足

父火母金妻屬水　方合准數

五百三十

一　二　三　の　五　六　七　八　九

卅二

の十八

毋恠私欲　子不能強

夫妻當隔别　注定

燕子于飛春晝長　人事如花正茂芳

風流逸興少年場　更多春酒野花香

十事謀爲九事空　一心西去不還東

梅子墮金風　不見釵頭鳳

妻小十五年　數定

少年磨鍊有操持　勤儉持身人不知

五百四十　の十五　高飛遠牽　謀事得濟

一　灵棲先被風吹折　萱艸秋風晚節堅

二　の十五　路走羊腸　得個仙人來主張

三　室中起干戈　夫妻兩不和

の　二十五　憂患多消卻　欣与樂爲鄰

五　二十の三　一日晴收一日陰　半篙風雨半陽和

六　二十三の　念三四歲毋當亡　泪染麻衣痛斷腸

七　の十五　一步一回頭　步步須存性

八

九　身在山中無俗事　懶得蹤跡入紅塵

五百五十

一 二 三 の 五 六 七 八 九

五十の三 急〻巳〻已到今 不悉生死只愁貧

の六八 心安平靜地 忘世事平論

卅九 進退多沉吟 心疑事未寧

不辭辛苦勤中饋 那憚心勞日夜忙

夫小二年 前定

卅の三 礼佛看經及坐禪 焚香燈燭且隨緣

卅八 上苑春花仔細看 炫人心目遍長安

五十の三 錦江春色 佳景十分

不十二 命該絶处 大數未能逃

五百六十

| 九 | 八 | 七 | 六 | 五 | の | 三 | 二 | 一 |
|---|---|---|---|---|---|---|---|---|
| 宋六 | 丗九 | | 癸六 | 辛二 | | | | |
| 搖搖不定風敲竹 | 東園飲酒西園醉 | 君家若問前程事 | 夕陽下西林 | 子規啼血 | | 命有土金子 | 此數原未不寿長 | 長齋礼佛前 |
| 慘慘無顏雨打花 | 南陌花開北陌紅 | 工苑花開別樣紅 | 大數未能逃 | 喪服連綿 | | 合數 | 好花霜壓未朝陽 | 早登菩隄所 |

五百第十

一 二 三 四 五 六 七 八 九

六十七十九 金童接引 堯往西方

二十八十八 仙曲何人和 玉笛吹夜空〻

三十八十八 秦楚不睦 兵連禍結

五十八十八 暮年衰齡 可無風燭之憂

有水火之子 此刻方准

三十八十八 有疑須要決 一決早重為

二十四十三 用意着棋觀士象 誰知飛炮打潰車

四十四十九 根深生五葉 同坐鹿牛車

五百八十

一 二 三 の 五 六 七 八 九

指望夫妻同到老　誰知一旦有分离

卅の三　諸佛如來　是名清淨

五十の三　竹橋走馬　隄防失足

七十千九　鳳信剡漏心何緒　月工梧桐雨露清

七十二　淂子之歲　棲鴉飛後鷺

の五十早九　千里月華明　知己相尋送病魔

卅二　身心不快事偏多　三鴈高飛自去來

湘江烟雨波濤淘

六十二　斜陽點淡清明節　杜宇啼紅枝上血

五百九十

十 廿二 存心好善 喜捨慈悲

一 抛經史以入市廛 跨隺揚州覓萬錢

二 相夫光門楣 育子望瑚璉

三 十の三 江上月華明 棲鴉飛欲驚

の 廿二 淂薪又無米 恍惚有驚

五 戊辰之年 淂子合數

六

七 の十二 半路聞雷震 疑雨在前村

八 卅知 吉星來扶些 人事淂安然

九 廿八乂 恩曜相扶 前程淂意

六百零

一 二 三 の 五 六 七 八 九

麟兒虽没三年乳　誥命封来我是尊

身居九五　万方稱賀

二千八口　轻风借力　欢笑前程

女才鸞凰真奇特　相子荣夫發大家

母当出嫁　數定無差

の千二三　西而宜求望　秋冬漸出迤

の千口千九　入萬花谷中　淌目繁華仙境

三千八口　青山因霧障　绿柳奈烟封

六百一十

一　卅早九　耀祖荣宗　声名遠播

二　数有三子　一子送老

三　功名不当成　書外覓黄金

四　卅夂午　朝饔夕飧　渠在其中

五　桃边決正副　命有妾隨身

六　平生仁德性淳淳　詞鋒文章可立身

七　招得大金子　方合此数

八

九　卅八乂　加官進禄　光耀门閭

六百二十

一　二　三　の　五　六　七　八　九

二十二　の十六四　十の三　の十八乂

莫道平途　須防陷井
安福非常　習而不知
雖然楊柳青　恐被狂風拂
巫山千里遠　欲听鳥声遠
三十年前莫問妻　娶妻不死也分离
因妻財而致富　得外財而起家
乍雨乍晴天氣　半通半達時光

六百三十

| | | | |
|---|---|---|---|
| 一 | 二千四三 | 順風揚帆 | 中流有石 |
| 二 | 廿四千九 | 有無心之得 | 亦有無心之失 |
| 三 | 五千四千九 | 詎定得子 | |
| 四 | 二千廿九 | 龍舟爭勝負 | 数定一时名 |
| 五 | 廿一二 | 有順有逆 | 往来無定 |
| 六 | 二千一乙 | 流年喜共憂 | 上得閙舟風打頭 |
| 七 | | | |
| 八 | 四千一二 | 几番弄巧反成拙 | 每欲求安变作驚 |
| 九 | 三千八四 | 吉曜恩扶 | 福星進祿 |

二百四十

一 二 三 の 五 六 七 八 九

の十七 河西安寧 福祿履增

夫小乞年 前定

十九 廿九 棲庭雪盤先年 昊天罔極

父命先亡 終天之恨

巧雲西北走 一双鴻雁嘆南来

七十八 北窓高枕 妄動無功

の十二 破網捕魚兔走投之 意外之濤奈尔如何

二十二 强用机謀 使君失利

六十二 樓台望月 高处意偏濃

金童接引 逕往西方

| | | | |
|---|---|---|---|
| 六百五十 | 〇十〇三 | 幸有去星來此户 | 時〻福集永無災 |
| 一 | | 妻小五年 | 前定 |
| 二 | | 三子屬木 | 合數 |
| 三 | 〇十〇三 | 水窮山盡 | 另闢乾坤 |
| 四 | | 馬嘶與羊鳴 | 文星偏此人 |
| 五 | 〆十〤廿 | 無病亦無災 | 安然睡去不回來 |
| 六 | 卅八 | 渴鹿逐失鹿 | 欲名未得名 |
| 七 | 〇十〇二 | 飛〻柳絮白如綿 | 山北山南啼杜鵑 |
| 八 | 一二 | 喜憂不知憂 | 未解笑盈腮 |
| 九 | | 好個貞良淑德 | 專宜勤儉成家 |

六百六十

一　二　三　の　五　六　七　八　九

の十七　の十知　十知　二十 卅九

送老無子　内侄為児

妻小の年　前定

迍邅方不利　欲進且遅ゝ

斧斤伐木作生涯　利器謀為可立家

一枕清風多睡覚　佳人振道好花開

全憑陰德生慈悲　終有麟児入梦来

園林妻色　紅葉開芳菲

春光到処　便是緑楊時

助良人之財禄　納自己之安康

六百七十

一 二 三 の 五 六 七 八 九

三十七 紅鸞加白虎 吉處變成凶

其年遲過 還有二十年

二十八 輝光西墜月窓霾 桃杏花紅夾竹跡

律法三千 彰彰了了

十八 塞北朔風吼 霜雪吹春柳

二十八 念五八歲事不諧 慈親永別已塵埋

十八 刺繡沒心情 鳥啼花落声

不愁衣食不愁貧 只恐中年少子孫

六百八十

一 二 三 の 五 六 七 八 九

の千の三　枝籠烟霧晚菲微　花朵芳芳宮宮色稀

の千の三　桃李実已無求　人多樂意

の千七　东風洒柳稍　西風何太急

三千八四　堪羨天降福　大有吉星臨

二千二　不当進步且盤桓　得意之中欠喜欢

琢磨工深　方成大器

衰門吊客两無情　樓樹高坡萱叫傾

姊妹三叹　榮枯各别

六百九十

一　乙亥之年　淂子今数

二　五十二　野艸渾芝蘭　清幽依旧在

三　十二　梅蕊初開　引淂福星來

四　天狗臨垣五十春　晚年淂子二妻生

五　三十八　一股揺琴絃斷却　緣須再整韻方和

六　十八　塵満粧台鏡　慈親早已赴瑤池

七　三十四　際会不須多　提携直綱罗

八

九

七百零

一 二 三 の 五 六 乂 八 九

卅乙 十夂日 十の三 の十八乂 口十一二

夫小十年
積福有慶
一畨妻兩
二乂之年
其年延遇
逢迎好展經綸手
荊棘当大道
其年延过
其人之数

前定
不善非幸
垂柳閑芳菲
哀哀喪母
还有豐年廿五
遇陵方知路始通
欲進且遲遲
还有二紀
三月壽阻

七百一

十 一 二 三 の 五 六 七 八 九

卅九
の十之
十八

財狼当道　却走無害

有名無実益　謀事又遅延

丁丑之年　得子合數

掃開雲里烱霆　救出一天星斗

京近遇貴人　可圖利益

癸未之年　生子合數

黄花晚節桑榆景　享福安閑晚福高

惟愛風流得意多　向花托酒費吟哦

七百二十

一 二 三 の 五 六 七 八 九

五千九

手足拮据

荣萧防国真堪羡

抛经史入公门

步履营生

松筠能至晚便光

遇得貴人扶

二千知

妻小十四年

順中帯逆

一脉相和

丙戌之年

前定

美中不足

本是双胎

生子令教

| 七百三十 | 口十千九 | 花落花開时見紅 | 一枝映巳粉墻東 |
|---|---|---|---|
| 一 | 二十八七 | 乾龍争一室 | 强弱自支持 |
| 二 | | 晚景黄花量斗斛 | 梅花月下奏笙歌 |
| 三 | | 前属馬 | 姑属羊 |
| の | の十一乙 | 優閒無事 | 載酒尋花 |
| 五 | | 青山之外向黄金 | 起步艰难後有成 |
| 六 | 十八 | 一片花飛处 | 鶯啼春晝長 |
| 七 | 千の三 | 境破秋分 | 花殘月缺 |
| 八 | 五千千九 | 正是豐年人快義 | 不妨紅日繫長安 |
| 九 | 五千千九 | 月到中天遠不得 | 秋來分外有光華 |

七百四十

一 父当亡於庚辛年 此刻方准

二 六十八口 水入犀牛角 龍蛇出海來

三 其年逆遇 还有十四年

の 妻小三年 前定

五 命犯孤單夜夢多 清灯月影無床窩

六 五十八口 坐井观天象 明知八陣圖

七 七十八 得子之喜

八 翁居鄉 姑居孀

九 生來八字帶烟霞 華蓋相逢必出家

七百五十

一 二十八乂 春花堪賞猶堪恨 纔見花開又落花

二 六十八乂 雨過減芳菲 枝頭烟霧迷

三 二十の三 無端風雨 吹落棲枝

の

五 二十八乂 淂子之喜

六 一の十八五十 應当淂子 陰晴猶未分

七 三十の三 花開月色明

八 十の三 嫩柳初果 淡淡霞烟濃濃雨

一枝一葉 二子送老

九 二十の三 無端事出尋常外 一喚相逢道路中

七百六十

| | | | |
|---|---|---|---|
| 一 | 三千八四 | 事不安兮心未安 | 風波雖遇坦然看 |
| 二 | | 巳丑之年 | 得子含數 |
| 三 | | 子死非命 | 數中不幸 |
| の | 卅二二 | 事既宜謹慎 | 無是亦無非 |
| 五 | 廿二七 | 一陽和動候黃鐘 | 得合天心困始通 |
| 六 | 四千八四 | 明月高樓上 | 太陽天上天 |
| 七 | | 姊妹三人 | 各母所生 |
| 八 | | 壬戌之年 | 得子 |
| 九 | の千八七 | 蛟龍頭角已生成 | 穩掛朱衣拜紫宸 |

七百七十

一　十〢　渭水東流又復西　舟人顛倒心狐疑

二　〥十〤〥　荷葉叠金錢　夗央水工眠

三　十九廿九　及時梅蕊振初長　春信先來到艸堂

の　〦十の三　猛虎出林　吼哺生鸛

五　二十〢　灯花信報鐘声早　富貴榮華听自然

六　の十八〤　君家若向前程事　名利机関在水中

七　〥十八〤　守定宜無咎　渫之事括囊

八　乙丑之年　生子合數

九　〥十〤〥　馬頭帶劍事和同　取得功名瑞氣濃

七百八十

一　二　三　の　五　六　七　八　九

の十九 の十九　卅 の十九 の十　二十八七　卅 人口　の十 の十三　の十 八七

翁屬龍
幸逢青紅日
遭逢遇会前生定
三月艷陽天
壬辰之年
花放枝頭將結果
野火自燒山
翁屬水
駘虽敬于雲霾

姑屬馬
安然不用憂
破浪乘風事亦奇
融和生宇宙
淂子会救
好音漸至莫蹉跎
光透九霄外
姑屬土
東風漫見青天

七百九十

一 二 三 の 五 六 七 八 九

の十八十四 道路生荆棘 遑〻莫问津

大七年来美運通 成家立業事和同

十八七 待時而動終成吉 强畜前往反成憂

十三の 梔狀色嫩 和風麗日錦叢〻

の十八七 志望有行人 鷄鳴尚未然

皈依佛法 悉皆懺悔

卅八七 眩律田裏緑 芳艸自含烟

八百零 少年高侑雲中隱 壯歲花開錦上花

一 二十六 旭日出林來 萬里江山錦色看

二 三十四 玉兔与金烏 東西任往來

三 翁屬馬 姑屬猴

の 四十九 晦氣逼人 飛云掩却蟾蜍影

五

六 翁屬馬 姑屬犬

七 卅八 鵲噪南枝 鳥報上林喜色

八 庚子之年 生子合數

九 二十八 錦繡洛陽城 花红柳日新

八百一

十 一 二 三 四 五 六 七 八 九

夫屬犬　前定

于门積德久流芳　千古各揚姓字香

彼正我副　姻緣註定

青霄碧樹連云漢　靠石依岩穩坐安

の十乙　南園凤凿　昨夜樓枝吹折

十の三　雨水初收　放出中天日色

ロ十乙　紅梅開雪嶺　先報一枝春

の十牛九　数谈游子

不十の三　雨收雲散波涛静　一炉香謁自徘徊

八百二十

ロ十の三　積善迎祥　能免灾殃

一　翁属羊　姑属虎

二

三　二十ㄨ口　紅蓮依水綠　白璧靠山青

の　知音多少西江月　虎嘯龍吟再起家

五　必須依三宝　方滅無量罪孽

六　の十ㄨ日　芙蓉掩映在秋江　俄然一朶過秋霜

七　翁属羊　姑属龍

八　ロ十の三　暮鼓晨鐘　無榮無辱

九　处〃花開栽未未開　空生綠葉落粧台

八百三十

一 二 三 〇 五 六 七 八 九

卅八

妻小二年　前定

貞節多矣指　操持內助人

其年延過　还有九年

亥至美玉前生菓　天降資財又得安

翁姑全属羊　合数

江山千里外　到处可為家

妻小十三年　前定

八百四十

一　二　三　の　五　六　七　八　九

長子屬牛　數定

卅八七　融和日色麗雲天　抵掌欢娛大有年

癸卯之年　滑子今數

热心每ゝ濟扶人　反累其身不見情

十八七　腐草化為螢　难以分明白

夫大ゝ年　前定

二千八千　塵掩菱花　明中多滯

の千八千　造化逼人來　不期而自至

八百五十

一 二 三 の 五 六 七 八 九

花夕子遲 数定

十卅九 暗室偶遇灯 憂疑多解釋

卅八 鳥啼花落 定除憂悶

夫小丶年 前定

六卅八 終日弥陀修善 蒼天長保安寧

兄弟三人 一個先傾

十卅九 到处有陽春 事ミ開懷爽

八百六十

一　二　三　の　五　六　七　八　九

六十の三　廿八口　五十の三　二十卅九　卅の三　五十八口　卅八口

逆見債女前生定
如鱼得深水
丙午之年
軽帆遇順風
小窓昨夜荼蘼放
花開却被無情雨
父属蛇
春光晙処
水穷山尽命难延
尋花问柳

有藥难医病在身
喜曜自無穷
生子合教
欢暖急流中
半掩紫扉風送開
南柯一夢不能还
母属猴
偏饒物色
渺々茫々别有天
水边岸畔遇知音

八百七十

十　の十九 早十　東边彩箏起　西北又傾頹

一　癸丑之年　生子合數

二　二十三 の三　勿望而立　事有不測

三

の　其人之數　十二月有阻

五　心高性剛直　甘苦皆经歷

六　口十九 七十　只曰安分原無咎　终保身家の季寧

七　巳酉之年　生子会數

八　身專治澗　一生劳处有餘閑

九　其人之數　正月有阻

八百八十

一 卅二 口舌官非有 突殃禍重逮

二 卅七 花殘重再發 久隱現明珠

三 の十八口 流落江湖客 風月度年華

の の十早九 鳳宿梧桐樹 雁飛芦艸依

五 作事反成夢 紅塵却不难

六 二十二 欲度重山外 奈心未許閑

七 次妻居水 合數

八 辛亥之年 得子合數

九 女親情愛如雲散 一些資財減半留

八百九

十　一　二　三　の　五　六　乂　八　九

汉妻居水

二千の　人立瓊林叢宴樂

四千乙　雀唳一声驚夢覺

卒知　欲撼高山力不加

卅二　吴越薄湘音信遠

卒孔几　三関峯拜还須立

卅八　千里月明人事好

一生人事多更变

合数

分開牛角工天梯

蒹葭風雨不成眠

根深連樹接天涯

片帆風送過萍蕪

独釣鰲魚也不难

只留鷗鷺立蒹葭

几许艰辛路不平

九百零

| 一 | 二 | 三 | の | 五 | 六 | 七 | 八 | 九 |
|---|---|---|---|---|---|---|---|---|
| 卅八廿 | 六十一乙 | | | 十卅九 | | 九十 | 廿十一乙 | |
| 吉凶同道 | 兎紫落花春过去 | 丙辰之年 | | 风恬浪静 | 翁属羊 | 花開未必春光尽 | 大限相欺命已危 | 其人之数 |
| 禍福流年 | 衰荷敗柳夏時殘 | 生子合数 | | 舟揖不驚 | 妣属鷄 | 艸色青青别故人 | 六亲空有泪占衣 | 二月有阻 |

九百一十

一　二　三　四　五　六　七　八　九

數有偏枯　　妻当帶疾

身入空门礼法華　　心無主意有徬徨

君向好姻緣　　反成吳與越

十六　未满二旬　　二八方週而喪父

兄死非命　　數中不幸

二十二　春雷已有声　　蟄虫逞此出

子息招来戌羅字　　臨行吩咐一双〻

九百二十

一　二　三　の　五　六　七　八　九

二十乂丨　憂ミ疾病多　霧色被雲埋

の十の三　俄然睡成長夢　大親悲傷無措

乂十二二　現龙形不見　西北是其鄉

宀十八乂　淂兮忘却箭　為用絕人才

七八　天狗当頭　小口有憂

二十、こ　嚴霜逢烈日　須刹滅其蹤

兄弟四人　各有生計

一箭自從坤地發　百花盡向午時開

其人之數　十月有阻

九百三十

一 夲十八 年享康寧 皇恩增厚

二 卌〆〤 鴒与鶺同巢 吉凶还有刑

三 子息虽有 不得其力

四 可惜庚君却早逝 過庭無訓實堪悲

五 辛未之年 得子合數

六 淺水藏魚 未遂優游志

七 日十八 大展經綸手 施為大有功

八 借問花開結子時 芙蓉含嘆蔔芳菲

九 丁十八 貝葉翻風今日悟 却留古樹掛袈裟

九百四十

一　二　三　の　五　六　七　八　九

卅二　運未通時　但守其拙

廿四三　碧卅多春色　黄鸝啼好音

次妻居金　方合此数

二十九 二十　暮際兎蛍出　火星流入西

十八四　青衫双拾芥　他日御河遊

庚申之年　生子合数

心歡利名終有望　果然三五月團圓

卅二　方寸太不揣　可使勝岑樓

十八七　日中星斗現　天晴漫又明

九百五十

十 兄弟四人 秦楚不同盟

一 六十八 輔翼勳功爵位重、 三槐九棘衆諸三公

二 身作偏房 原来有数

三 良匠施工劳剥削 终身应許器完成

の 五十二 樂歲与豐年 醉飽亦無咎

五 卅九の十 黎明一旦東方火 進步高飞迥出羣

六 十人口 三月艷陽天 行人尚未还

七 龍吟虎啸鸞鳳翺翔 绝世之才美中文章

八

九

九百六十 子孫多荣茂 数定振家声

一 二十一二 此数大不祥 毋當遶無果

二 の十ㄨ口 空憐寂寞 寧無嗟嘆之声

三 妻山一年 数定

の 一楊青風澗石花松 承前啟後暮鼓晨鐘

五 早限未经安穩地 成家創業在中年

〦 三十、二 天旱望甘霖 常雷而不雨

七 七十、二 黄梅天氣 下雨下晴

八

九 〦十ㄨ口 行到路窮橋已通 不堪回首望青山

九百七十

十　一　二　三　の　五　冂　七　八　九

十の三　山色有情留客賞　湖光無意惡遊人

平九午十　一陽今已復　終日暖頻開

卅八七　望月中天　照曜山川

梅花帳裏螢光續　功名未遂受艱辛

廿卅九　勿嫌夜雨水濡　行看春光晴度

癸亥之年　生子令救

廿六母　朱雀南方居大精　有人騎馬送公庭

九百八十

| | | | |
|---|---|---|---|
| 十 | | 其人之數 | 四月有阻 |
| 一 | 卅四十九 | 龍光之耀 | 一歲有三迍 |
| 二 | 卅四三 | 大房公吏應傷人 | 门工追呼官事臨 |
| 三 | | 早歲讀書名未成 | 中年淡薄費精神 |
| 四 | 四十二 | 冤辱不驚 | 得個安閑之福 |
| 五 | 七十二 | 數當絕處 | 才事怨成空 |
| 六 | 卅二 | 毋數當絕 | 苦苦寂寞 |
| 七 | 四十七四 | 殘花今得茂 | 萬紫千紅處處新 |
| 八 | | | |
| 九 | | 拮据辛勤苦 | 奔波未得寧 |

九百九十

十　卅二　天边桂樹淩云漢　花落花開只滿庭
一　卅八乂　日月掛于眉頭　光明立于眼下
二　人言緩急皆無益　独汝臨終有女悲
三　廿乂〤　二龍争一珠　一得有一失
の　福德相扶　千倉萬廩
五　乂十二　其年延過　还有十年豐熟
六　少年勤苦讀　中歲耕耘又受辛
七
八
九　廿卅九　天一貴人喜氣多　須知柔謁事皆和